Prof. Dr. Walter Kirsche

DIE LANDSCHILDKRÖTEN EUROPAS

Umschlagfotos:

Titel: Schlupf von *Testudo graeca ibera* **; Rivalität bei** *Testudo hermanni hermanni*; **Weibchen von** *Testudo hermanni boettgeri*
Rücktitel: Schildkrötenanlage des Autors

Fotonachweis:

alle Fotos vom Autor außer Bischoff 27(2), Herrmann 7, 11, 35, 39, Nilson 27, Podloucky 19, 20, 21 (3), 22, 23, 24, 25 (2), 26, 30 (2), 31 (2), 32, 33, 48, 49 (2), 66, 81, 82, 83, 88, 89 (2), 90 (2), 91 (2), 92, 93 (3), 94 (2), 95, Praschag 29, 33, 37, 69, 95, Schulze-Riesenberg 91, Simon 28, Weissinger 28 (2)

1. Auflage 1997

CIP-Kurztitelaufnahme der Deutschen Bibliothek

Kirsche, Walter
Die Landschildkröten Europas; Biologie, Pflege, Zucht und Schutz.
Mergus Verlag GmbH; Verlag für Natur- und Heimtierkunde - Melle

ISBN 3-88244-009-0

© Copyright 1997 MERGUS Verlag GmbH, Postfach 86, 49302 Melle, Germany

Lithos: Frommeyer Medien-Technik, Osnabrück
Druck: MERGUS PRESS, Singapore

Printed in Singapore

((2))

Prof. Dr. Walter Kirsche

DIE LANDSCHILDKRÖTEN EUROPAS

BIOLOGIE, PFLEGE, ZUCHT UND SCHUTZ

Verlag für Natur- und Heimtierkunde

Hans A. Baensch · Melle · Germany

INHALT

EINLEITUNG

Noch immer erinnere ich mich an die große Freude, die mir mein Vater vor nunmehr 65 Jahren durch den Kauf einer Griechischen Landschildkröte bereitete. Das Tier kostete damals eine Reichsmark, und die zoologischen Handlungen hielten in den Sommermonaten zahlreiche Schildkröten zum Verkauf bereit. Sie waren zu Modeobjekten geworden und wurden in jedem Jahr in großen Mengen aus Mazedonien nach Deutschland exportiert. Trotzdem hatten die natürlichen Populationen keinen ernsten Schaden erlitten, weil die Biotopzerstörung durch Landnahme im Vergleich zur Gegenwart noch unbedeutend blieb. Eine gravierende Änderung trat jedoch nach dem zweiten Weltkrieg durch Massenexporte und Zerstörung der natürlichen Lebensräume ein.

Heute gehören alle in diesem Buch behandelten Arten und Unterarten nach dem Washingtoner Artenschutzabkommen von 1973 zu den gefährdeten Arten. In der Bundesarten-schutzverordnung 1986 werden die Arten „als zusätzlich vom Aussterben bedroht" aufgeführt, die Ein- und Ausfuhr ist nur mit einer zusätzlichen Genehmigung zulässig. In Anbetracht des Gefährdungsgrades der Landschildkröten ergibt sich die Frage, ob die Veröffentlichung eines Buches zur Haltung dieser Tiere sinnvoll ist. Schließlich gibt es über die heute noch lebenden Schildkröten sehr gute Bücher, die viele Arten beinhalten und durch gute Abbildungen vorstellen. (OBST 1985, NÖLLERT 1987, BASILE 1989, RUDLOFF 1990, MAYER 1992, MÜLLER 1993, LEHRER 1994). Die Veröffentlichungen der Gegenwart zeigen jedoch, daß in vielen Fragen zur Pflege und Zucht von Landschildkröten noch immer unterschiedliche Auffassungen oder Unklarheiten bestehen. (Höckerbildung, temperaturabhängige Geschlechtsfixierung, Zeitigungsmethoden, Ernährung, Überwinterung, Krankheiten u.a.) Durch Bekanntgabe der Erfahrungen

Porträt eines Männchens von *Testudo hermanni boettgeri*

in Veröffentlichungen und durch Vergleich mit anderen Auffassungen und Ergebnissen wird sich erst in Zukunft eine Klärung ergeben, wozu Buchveröffentlichungen einen entscheidenen Beitrag leisten.

Die meisten der in Buchveröffentlichungen abgebildeten Landschildkröten sind jedoch im zoologischen Fachhandel heute nicht mehr zu erhalten. Dagegen werden von allen Landschildkröten die europäischen Arten noch am häufigsten gepflegt. Deshalb soll auf eine Darstellung aller Landschildkrötenarten zugunsten der europäischen Arten verzichtet werden. Konrad LORENZ meinte noch 1955 zur Griechischen Landschildkröte, daß „in unseren Klimaten diese Tiere meines Wissens noch niemand" wirklich gezüchtet hat, doch inzwischen änderte sich die Situation durch beachtliche Fortschritte der Terraristik grundlegend. So wurde in den letzten 30 Jahren am häufigsten über erfolgreiche Nachzuchten von europäischen Landschildkröten berichtet, die deshalb Schildkrötenfreunden am leichtesten zugänglich sind. Die Forderung verantwortungsbewußter Reptilienfreunde, diese Tiere nicht nur ihrer Biologie entsprechend zu pflegen, sondern auch zu vemehren, entspricht dem Hauptanliegen dieses Buches. Es soll Anregungen geben, wie Tiere bei paarweiser Haltung zur Fortpflanzung gebracht werden und wie Jungtiere bis zur Geschlechtsreife aufzuziehen sind.

Neue Kenntnisse über das Verhalten der Tiere zu erwerben und verbesserte Zuchtmethoden zu erarbeiten ist ein legitimes Anliegen biologisch interessierter Menschen, wobei die Erfüllung solcher Bedürfnisse bei korrekter Beachtung der Schutzbestimmungen keinerlei negative Folgen für die Umwelt verursacht. Auch deshalb sind Aquaristik und Terraristik in jeder Hinsicht förderungswürdig. Schließlich ist zu bedenken, daß sich bei Befriedigung anderer Bedürfnisse von *Homo sapiens* leider ungünstige Folgen für die Umwelt nicht verhindern lassen. So führt das ständig wachsende Bedürfnis nach größerer Mobilität zur Zunahme des Straßen- und Flugverkehrs mit Landnahme für neue oder verbreiterte Straßen und größere Flugplätze. Die Folge ist ein ständig steigender Sauerstoffverbrauch und Schadstoffausstoß.

Bedenklich ist, daß die Zunahme der Landnahme für Baumaßnahmen in einer endlichen Welt den Lebensraum für die bedrohte Welt der Tiere weiter einschränkt und Sauerstoff spendendes, toxische Substanzen bindendes und

Testudo graeca ibera-Weibchen von 2690 g mit relativ dunkler Carapax-Zeichnung

Adultes Exemplar der Breitrandschildkröte, *Testudo marginata*

Staub filterndes Grünland zunehmend vernichtet, das auch für die menschliche Gesundheit eine große Bedeutung hat. Der in seiner Freizeit sich mit Terraristik oder Aquaristik befassende Bürger ist in dieser Hinsicht frei von jeder Schuld.

Aus den bisher aufgeführten Gründen ergibt sich das wichtigste Anliegen dieses Buches: die sachkundige Pflege europäischer Landschildkröten einschließlich ihrer Zucht. Da in letzter Zeit zunehmend Nachzuchten von europäischen Landschildkröten im Handel angeboten werden, ist der Aufbau von Zuchtgruppen möglich geworden ohne durch Absammeln der Tiere in den Heimatländern die natürlichen Populationen weiter zu schwächen. Es bleibt auch zu hoffen, daß die Zucht von europäischen Landschildkröten die leider noch andauernde illegale Einfuhr dieser Tiere verhindert. Damit ist die terraristische Arbeit als wertvoller Beitrag zum Artenschutz anzusehen. Außerdem hat die Schildkrötengruppe der Species Survival Commission (SSC) der International Union for Conservation of Nature and natural Resources (IUCN) bereits 1987 eine Spezialistengruppe (Captive Breeding Subcommittee) gegründet und betont, daß in der Zucht der seltensten Schildkröten der Erde die einzige Möglichkeit besteht, das Aussterben solcher Arten zu verhindern. (Newsletter of the SSC Nr. 9/1987 und Nr. 10/1988).

Für die Richtigkeit dieser Auffassung spricht die Nachricht, daß es bereits gelungen ist, die seltenste und am stärksten bedrohte Art, die Schnabelbrustschildkröte (*Geochelone yniphora*), zu züchten (Newsletter of SSC Nr. 12/1989). In einer Stellungnahme der IUCN wird betont, daß der Biotopschutz für die Welt-Naturschutz-Strategie nicht ausreichend sein kann. Zusätzlich werden international koordinierte Zuchtprogramme gefordert, bevor die Arten eine kritische Populationsdichte erreichen (Newsletter of SSC Nr. 10/1988).

Abgesehen von der bisher dargestellten Bedeutung der Haltung und Zucht der Tiere für den Artenschutz, ist es legitim, solche Arten auch biologisch interessierten Bürgern verfügbar zu machen. Die Menschheit wächst pro Jahr um 94 Millionen und im Jahr 2000 wird die Hälfte aller Menschen, weitgehend der Natur entfremdet in Städten wohnen. Deshalb nimmt die Heimtierhaltung als Ersatz für das Naturerlebnis stark zu. Tierarten hierfür dürfen nicht der Natur entnommen werden, sondern müssen durch Zuchten zur Verfügung stehen. Auch darin liegt die große Bedeutung der terraristischen Arbeit.

Wer seine Freizeit nutzt, um die zeitaufwendige Pflege von Tieren zu übernehmen, der bekundet damit sein Itneresse, diese Tiere näher kennenzulernen. Er hat viele Fragen zur Biologie, die er hofft, durch engen Kontakt lösen zu können. Er stellt Fragen an die Natur und zeigt damit wissenchaftlichens Interesse. Auf dieser Basis steht die Terraristik der Gegenwart und leistet damit einen beachtlichen Beitrag zur Vervollkommnung unserer Kenntnisse zur Biologie dieser Tiere. Diese Beziehung der Terraristik zur Biologischen Wissenschaft ist förderungswürdig und auch ein Grund dafür, warum in diesem Buch neben Pflege und Zucht der Tiere auch einige Bemerkungen zur Stammesgeschichte, zur Systematik und zum Körperbau enthalten sind.

Grundkenntnisse vom Körperbau der Schildkröten sollte man sich nicht nur aus wissenschaftlichem Interesse aneignen, sondern sie haben auch praktische Bedeutung. Ich denke hierbei an die Möglichkeit der Sektion verendeter Tiere bei Beachtung hygienischer Grundsätze. Die beste Lösung ist jedoch die Übergabe oder Einsendung des Tieres an einen Veterinär-Pathologen, der heute über moderne Untersuchungsmethoden verfügt (Sonographie, Röntgen, Erregernachweis in Blut und Kot, histologische Untersuchung der Organe). Sollte dies nicht möglich sein, so kann eine selbst durchgeführte Sektion bei einigen Erkrankungen wenigstens durch makroskopische Befunde zur Diagnose führen (Parasitenbefall im Darm, Entzündungen im Magen-Darm-Kanal, Darmverschluß, Geschwülste, Legenot). Voraussetzung hierfür sind Kenntnisse der normalen Anatomie dieser Tiere, die man durch Sektionen erlernen kann. Dabei sind die normale Größe, Form und Farbe der Organe zu beachten. Selbstverständlich können diese selbst durchgeführten Sektionen nur ein bescheidener Ersatz für jene Profession sein.

DIE ENTWICKLUNG UND DIE SYSTEMATIK

Trotz der Fortschritte palaeontologischer Forschungen mit zahlreichen neuen Funden ist die Abstammung der Schildkröten noch nicht geklärt. Die ersten Nachweise von Schildkröten liegen über 200 Millionen Jahre zurück.

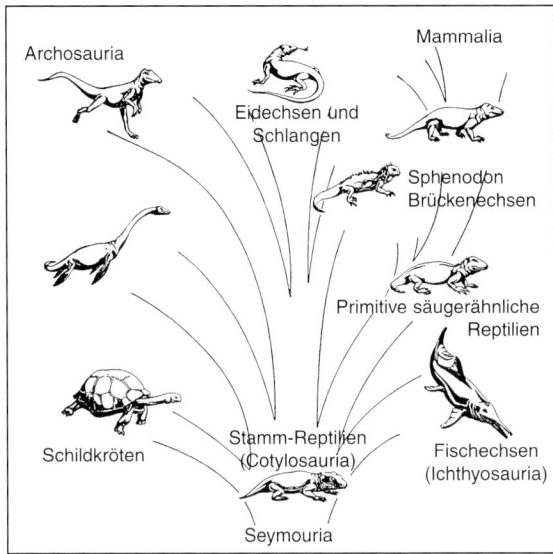

Vereinfachtes Schema des Stammbaumes der Reptilien und der Abstammung der Säugetiere. Aus ROMER 1966

Über ihren Entwicklungsweg existieren nur hypothetische Vorstellungen. Wahrscheinlich sind sie aus unbekannten Ahnen der Stammreptilien (Cotylosauria) entstanden. Die ältesten bisher beschriebenen echten Schildkröten stammen aus dem Erdmittelalter, der Trias-Formation (Triassochelys heute Proganochelys). Ihr Panzer wies deutliche Höcker auf und zeigt eine zusätzliche Reihe von Randschildern. Schwanz und Nacken waren mit stachelartigen Fortsätzen besetzt, die ein Einziehen des Kopfes unter den Panzer verhinderten. Im Unterschied zu den heutigen Schildkröten besaß die Trias-Schildkröte auf ihrem Gaumen und Vomer zahlreiche kleine Zähne.

Wenn man bedenkt, daß es etwa 300000 Käferarten, 110000 Schmetterlingsarten und 100000 Hautflügler-Arten gibt, dann erscheinen die etwa 220 Schildkrötenarten allerdings äußerst gering. Dagegen sind Echsen mit 3000 Arten und Schlangen mit 2700 Arten noch gut vertreten. Man gliedert die Schildkröten in 27

Familien, doch sind mehr als die Hälfte bereits ausgestorben. Es ist demnach anzunehmen, daß zur Zeit der Saurier (Kreidezeit) wesentlich mehr Schildkröten existierten als heute.

Die ausgestorbenen Triasschildkröten stehen zu den echten Schildkröten (Casichelydia) in einem Schwesterngruppenverhältnis. Sie sind demnach nicht Vorfahren der heute lebenden Schildkröten und gliedern sich in zwei Ordnungsgruppen: **1. Cryptodira (Halsberger)** und **2. Pleurodira (Halswender)**. Bei den Halsbergern werden Kopf und Hals in einer sagittalen Ebene unter den Rückenpanzer (Carapax) gezogen, wobei sich die Halswirbelsäule an zwei Stellen stark beugt. Bei Halswendern werden dagegen Kopf und Hals in einer horizontalen Ebene durch Beugung der Halswirbelsäule unter dem Rückenpanzer verborgen. Zu den Halsbergern gehören 11, zu den Halswendern 2 Familien.

Das taxonomische System der Schildkröten ist keineswegs als abgeschlossen zu betrachten. So steht unter anderem eine weitere Überarbeitung der Gattungen von Landschildkröten aus.

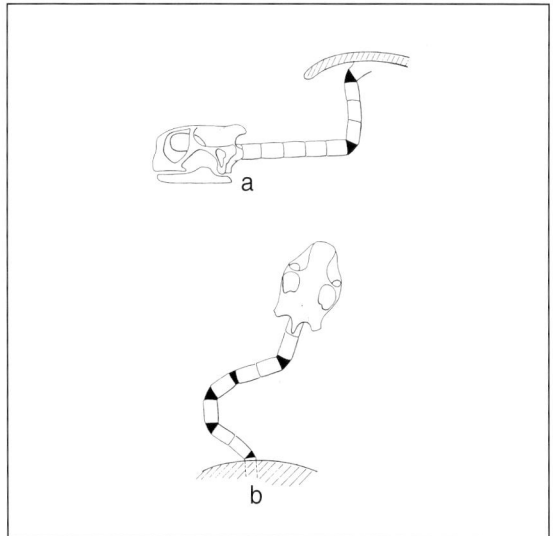

Beweglichkeitsform der Halswirbelsäule bei Schildkröten. a) *Cryptodira* (Halsberger). Beugung der Halswirbelsäule an zwei Stellen in sagittaler Ebene und Bergung des Kopfes unter dem Panzer. b) Pleurodira (Halswender). Beugung der Halswirbelsäule in horizontaler Ebene und Bergung des Kopfes unter dem Panzer. Aus STARK 1979, Band 2.

Die folgende Tabelle gibt einen Überblick über die rezenten Schildkrötengattungen nach FRANK & RAMUS

Ordnung Testudines (Schildkröten)

Familie	Gattung	Anzahl der Arten	Familie	Gattung	Anzahl der Arten
Carettochelyidae	Carettochelys	1		Pseudemys	8
Chelidae	Acanthochelys	4		Pyxidea	1
	Chelodina	11		Rhinoclemmys	9
	Chelus	1		Sacalia	3
	Elseya	4		Siebenrockiella	1
	Emydura	6		Terrapene	4
	Hydromedusa	2		Trachemys	6
	Phrynops	12	Kinosternidae	Claudius	1
	Platemys	1		Kinosternon	20
	Pseudemydura	1		Staurotypus	2
	Rheodytes	1	Pelomedusidae	Erymnochelys	1
Cheloniidae	Caretta	1		Pelomedusa	1
	Chelonia	1		Peltocephalus	1
	Eretmochelys	1		Pelusios	16
	Lepidochelys	2		Podocnemis	6
	Natator	1	Platysternidae	Platysternon	1
Cheldyridae	Cheldyra	1	Testudinidae	Chersina	1
	Macroclemys	1		Geochelone	11
Dermatemydidae	Dermatemys	1		Gopherus	4
Emydidae	Batagur	1		Homopus	5
	Callagur	1		Indotestudo	2
	Chinemys	2		Kinixys	6
	Chrysemys	1		Malacochersus	1
	Clemmys	4		Manouria	2
	Cuora	9		Psammobates	3
	Cyclemys	2		Pyxis	2
	Deirochelys	1		Testudo	7
	Emydoidea	1	Trionychidae	Amyda	1
	Emys	1		Apalone	3
	Geoclemys	1		Aspideretes	4
	Geomyda	1		Chitra	2
	Graptemys	12		Cyclanorbis	2
	Hardella	1		Cycloderma	2
	Heosemys	4		Dogania	1
	Hieremys	1		Lissemys	2
	Kachuga	7		Nilssonia	1
	Malacemys	1		Palea	1
	Malayemys	1		Pelochelys	1
	Mauremys	6		Pelodiscus	1
	Melanochelys	2		Rafetus	2
	Morenia	2		Trionyx	1
	Notochelys	1			
	Ocadia	3			
	Orlitia	1			

KÖRPERBAU

Haut und Anhangsgebilde

Der Übergang vom Wasser- zum Landleben ist ein bedeutender Schritt in der Evolution der Wirbeltiere. Es sei z.B. an den komplizierten Umbau der Kiemenatmung bei Amphibien in eine Lungenatmung oder an das Gehirn der Reptilien im Vergleich zu dem der Amphibien erinnert, Vorgänge, die mit einem enormen Gestaltungswandel verbunden sind. Einen solchen Wandel zeigt auch die Haut beim Übergang vom Leben im Wasser zum Landleben.

Porträt von *Testudo (A.) horsfieldi*

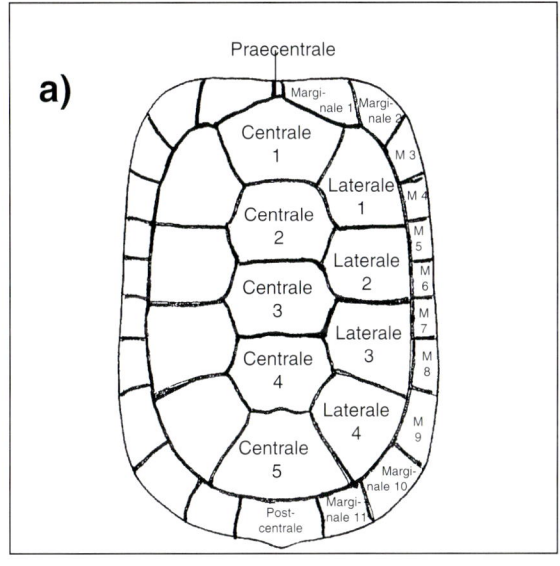

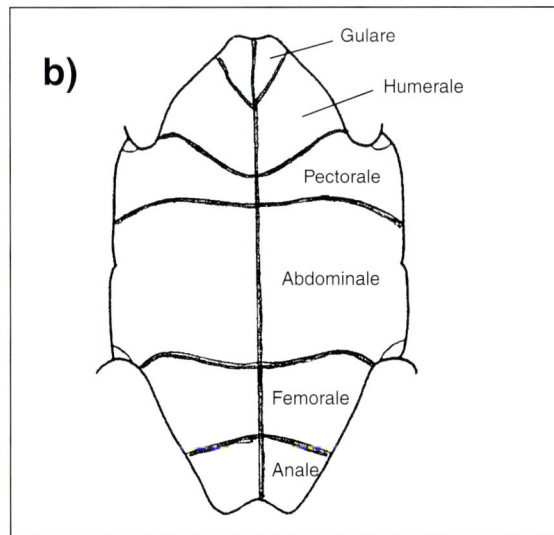

Hornschilder von *Testudo*

Carapax von *T. (A.) horsfieldi* **mit markierten Grenzen der Knochenschilder. Die Grenzen der Hornschilder sind als rinnenförmige Strukturen erkennbar.**

Carapax von *T. (A.) horsfieldi.* **Innenansicht. Die Grenzen der Neuralia und Pleuralia sind als feine z.T. gezähnte Linien erkennbar. Die hellen Streifen in der Mitte der Pleuralia sind die verknöcherten Rippen.**

Die Haut besteht aus einer epithelialen Oberhaut (Epidermis) und einer bindegewebigen Lederhaut (Corium). Während bei Fischen und bei im Wasser lebenden Amphibien die Oberhaut aus lebenden Zellen besteht, kommt es bei Reptilien in der Epidermis zu einer deutlichen Gliederung in eine ständig neue Zellen bildende Keimschicht und eine aus abgestorbenen Zellen bestehende Hornschicht. Diese Hornschicht ist wasserundurchlässig und schützt deshalb vor Austrocknung. Außerdem bieten die zahlreichen Hornplatten einen wirksamen Schutz gegen Verletzungen.

Form und Größe der Hornschuppen bei Schildkröten sind artspezifisch und können deshalb als Merkmal der Artbestimmung genutzt werden. Während sich die Hornschuppen bei Eidechsen und Schlangen meist dachziegelartig überdecken, finden sich bei Schildkröten in der Regel platten-, kegel- oder zapfenförmige Hornschuppen, die nebeneinander stehen. Hornschuppen sind keine lebenden Gebilde, die sich bei Wachstum der Tiere der vergrößerten Oberfläche anpassen können. Deshalb wird bei Reptilien die obere verhornte Hautschicht entweder ganz (Natternhemd) oder in Hautfetzen abgestoßen (Schildkröten), ein Vorgang, der mit der Mauser bei Vögeln vergleichbar ist. Die Haut von Schildkröten besitzt keine Drüsen, so daß bei starker Erhitzung der Tiere keine Wärmeabgabe durch Verdunstung des Sekretes der Schweißdrüsen möglich ist. Deshalb meiden alle Landschildkröten die heiße Mittagssonne und bevorzugen schattige Stellen unter Grasbüschen oder Sträuchern.

Ein Exkurs ins Innere des gepanzerten Körpers

Der Panzer der Schildkröten ist im Stamm der heute lebenden Wirbeltiere von so einmaliger Konstruktion, daß jeder Laie diese Tiere sofort erkennt. Bei den Landschildkröten umfaßt der feste Panzer als harte Knochenkapsel den Rumpf der Tiere, wobei zwei Öffnungen für Kopf, Hals und vordere Extremitäten sowie für Schwanz und hintere Extremitäten verbleiben. Der Panzer besteht aus einem mehr oder weniger gewölbten Rückenpanzer (Carapax) und einem mehr flachen Bodenpanzer (Plastron). Beide Panzerteile sind seitlich verwachsen, so

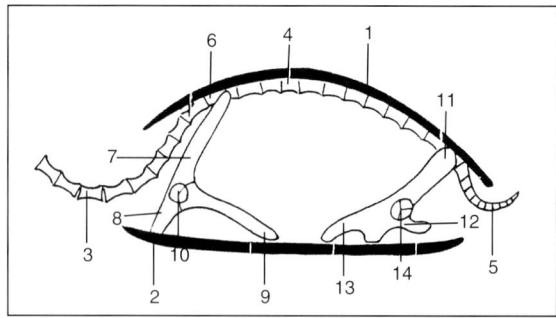

Schematische Darstellung eines Längsschnittes durch den Panzer von *Testudo* mit Darstellung des Schulter- und Beckengürtels. Aus WEBB et al 1978.
1 Carapax; 2 Plastron; 3 Halswirbel; 4 Rumpfwinkel; 5 Schwanzwirbel; 6 Erster Rumpfwinkel
Schultergürtel: 7 Schulterblatt (Scapula) 8 Acromion 9 Rabenschnabelbein (Coracoid) 10 Gelenkfläche für Humerus
Beckengürtel: 11 Darmbein (Ileum) 12 Sitzbein (Ischium) 13 Schambein (Pubis) 14 Gelenkfläche für Femur

daß eine große Festigkeit erreicht wird. Sie bestehen aus Knochenplatten, die durch Knochennähte fest verbunden sind.

Die meisten Knochenplatten des Schildkrötenpanzers bestehen aus sogenannten Hautknochen, die durch Bildung von Knochensubstanz im Bindegewebe der Lederhaut entstanden sind. Allerdings besteht nicht der gesamte knöcherne Panzer aus Hautknochen. Im Rückenpanzer beteiligen sich die Dornfortsätze der Rückenwirbel und die Rippen am Aufbau entsprechender Knochenplatten. Eine geringe Beweglichkeit des hinteren Bauchpanzerabschnittes läßt sich bei älteren Weibchen europäischer Landschildkröten nachweisen. Diese Flexibilität erleichtert den Austritt der Eier aus der Kloake und dient ferner der Volumenvergrößerung des Panzers vor der Eiablage. Allerdings kann auch bei großen Männchen von *Testudo graeca ibera* eine geringe Beweglichkeit zwischen Abdominale (Bauchschild) und Femurale (Schenkelschild) nachgewiesen werden. Andere, insbesondere die Dosenschildkröten, benutzen sogar gut entwickelte Scharniere am Bauchpanzer.

Es ist bemerkenswert, daß alle rezenten Schildkröten zahnlos sind, während die fossilen Trias-Schildkröten noch zurückgebildete Zähne besaßen. Als Zahnersatz haben alle Schildkröten am Ober- und Unterkiefer kräftig entwickelte zum Teil gezähnelte oder hakenförmige Hornscheiden, die für das Abbeißen pflanzlicher

Nahrung und den für Beutefang von großer Bedeutung sind.

Die Wirbelsäule besteht aus einem frei beweglichen Teil (Hals und Schwanz) und einem mit dem Panzer verwachsenen Abschnitt (Rumpf).

Als eine bei Wirbeltieren einmalige Konstruktion ist bei Schildkröten der Schultergürtel innerhalb des Panzers lokalisiert. Zusammen mit kräftigen Krallen sind die schaufelförmigen Füße der vorderen Extremität zum Graben besonders geeignet. Auch der Beckengürtel ist mit dem Panzer fest verbunden. Die Hinterextremitäten der Landschildkröten erinnern an Elefantenfüße, wobei die Zehenglieder flach auf den Boden aufgesetzt werden.

Überraschend relativ hochentwickelt bei Schildkröten: Nervensystem und Sinnesleistungen

Für das Verhalten der Tiere spielt das Nervensystem in Wechselwirkung mit dem Hormonsystem die entscheidende Rolle. Der Weg vom Tier- zum Menschenhirn ist durch entscheidende Entwicklungsschritte gekennzeichnet, wozu die Entstehung des Reptiliengehirnes mit einer im Vergleich zu Amphibien wesentlich komplizierteren Hirnorganisation gehört. Erstmalig in der Wirbeltierreihe ist bei Reptilien eine echte Hirnrinde mit einer Schicht von Nervenzellen entstanden. Das Gehirn von Schildkröten ist für Untersuchungen über Hirnevolution besonders geeignet, weil es als Modell für eine stammesgeschichtlich sehr alte Gruppe bewertet werden kann, die auch die Stammesgeschichte des Säugergehirns beleuchtet.

Die Forschritte der Hirnforschung zusammen mit Feldbeobachtungen und Untersuchungen in großen Freilandterrarien haben eindeutig erwiesen, daß Schildkröten keineswegs stumpfsinnig sind, sondern eine der Hirnorganisation entsprechende, beachtliche Leistungsfähigkeit aufweisen. So sind Orientierungssinn, Heimfindungssinn, Temperatursinn sowie Geruchs-, Geschmacks- und Gesichtssinn in Korrelation zur Hirnstruktur gut entwickelt. Alle diese Funktionen stellen Leistungen entsprechender Gebiete vor allem im End- und Zwischenhirn dar. Hinzu kommt noch, daß alle über Sinnesorgane dem Gehirn übermittelten

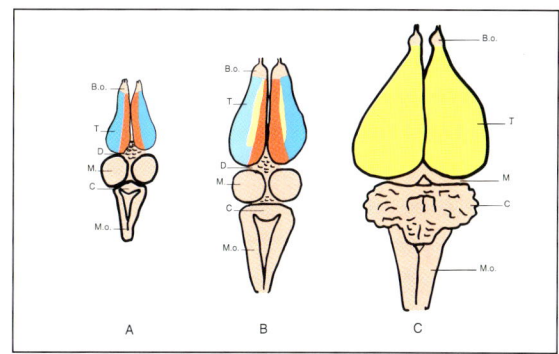

Das Schildkrötengehirn im Vergleich zu den Gehirnen der Amphibien und Mammalia
A Amphibia (Rana) Ohne Hirnrinde
  Palaeopallium (Urendhirnmantel) blau
  Archipallium (Altendhirnmantel) rot
B Reptilia (Testudo)
  Das Endhirn mit echter Hirnrinde (Cortex) verschiedener phylogenetischer und funktioneller Wertigkeit
  Uraltrinde (Palaeocortex) blau
  Altrinde (Archicortex) rot
  Neurinde (Neocortex) gelb
C Mammalia (Lepus)
  Die Neurinde überdeckt die anderen phylogenetisch älteren Rindenabschnitte
  B.o: Bulbus olfactorius
  T: Telencephalon (Endhirn)
  D: Diencephalon (Zwischenhirn)
  M: Mesencephalon (Mittelhirn)
  C: Cerebellum (Kleinhirn)
  Mo Medulla oblongata (Nachhirn)

Impulse besonders im Endhirn Gedächtnisinhalte bilden. Jeder Schildkrötenhalter kann über solche Gedächtnisleistungen berichten. Außerdem beweisen Dressurexperimente die große Lernfähigkeit dieser Tiere.

Durch ihre farbtüchtigen Augen sind sie in der Lage, besonders im Rotbereich Nahrung zu registrieren. Auch der gut ausgeprägte Orientie-

Werden Erdbeeren geboten, so lassen die Tiere andere Futterpflanzen unbeachtet.

rungs- und Heimfindungssinn ist auf Leistungen des Seh- und Geruchsorgangs zurückzuführen. Daß Schildkröten ihren Pfleger erkennen, konnte in unserer Anlage nicht bestätigt werden.

Die Frage, ob Schildkröten hören können, ist positiv entschieden, sie sind fähig, Schallwellen von 100 bis 1000 Hz aufzunehmen, während der Mensch Frequenzen zwischen 20 und 20000 Hz registrieren kann. Da Schildkröten während der Paarung Laute von sich geben, ist anzunehmen, daß diese registriert werden.

Die bei Wanderungen abgesetzten Duftmarken ermöglichen das Auffinden von Geschlechtspartnern und Artgenossen und sind auch Grundlage beim Heimfindungsverhalten. Landschildkröten registrieren den Duft von Futterpflanzen und Früchten sowie anderen „Leckerbissen". Jeder Pfleger von Landschildkröten kann leicht beobachten, daß die Tiere Nahrungsbestandteile vor der Aufnahme beriechen. Auch die Begegnung mit Artgenossen führt zum eingehenden Riechen an diesen Tieren unabhängig vom Geschlecht, wobei auch der Gesichtssinn eingesetzt wird. Die Tiere verfügen ferner über einen ausgeprägten

Bei der Paarung von *Testudo hermanni boettgeri* bemühen sich nicht selten zwei oder drei Männchen um ein Weibchen.

Geschmackssinn, der ein besonderes Sinnesepithel (Geschmacksknospen) in der Mundhöhle und auf der Zunge zur Grundlage hat. Diese Sinnesorgane ermöglichen etwa aufgenommene aber nicht dem Geschmack der Schildkröten entsprechende Nahrungsbestandteile wieder auszuwürgen. Ihr gut entwickelter Temperatursinn befähigt sie zu einer lebensfördernden Verhaltensweise. Selbst im Panzerbereich wird Wärme und Kälte registriert.

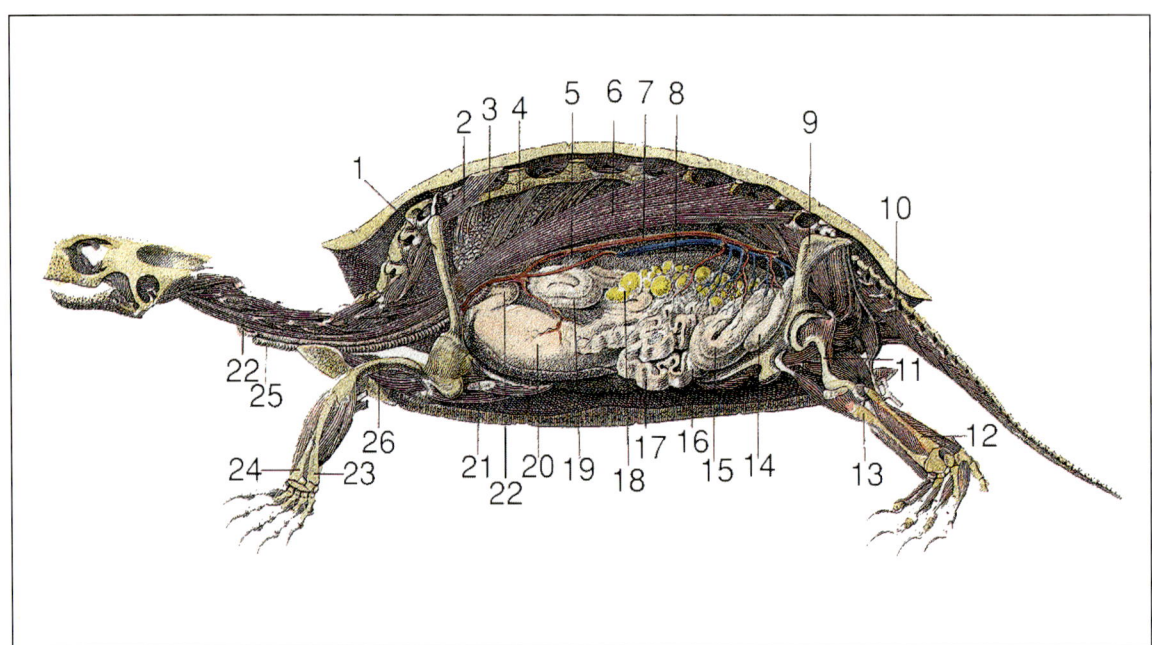

Längsschnitt durch eine Schildkröte mit Darstellung von Teilen des Skeletts, der Muskeln und der eingeweide. Aus BOJANUS 1819–1821
1 Clavicula; 2 Kopfrückzieher; 3 Lunge; 4 Atemmuskel; 5 Milz; 6 Kopfrückzieher; 7 Aorta, absteigend; 8 Enddarm; 9 Darmbein; 10 Schwanzmuskulatur; 11 Femur; 12 Fibula; 13 Tibia; 14 Bursa analis; 15 Eileiter; 16 Harnblase; 17 Eileiter; 18 Eierstock; 19 Dünndarm; 20 Magen; 21 Leber; 22 Speiseröhre; 23 Ulna; 24 Radius; 25 Trachea; 26 Hůmerus

Organe – verborgen im Schildkrötenpanzer

Der erste Abschnitt des Verdauungstraktes beginnt mit der Mundhöhle, die bei rezenten Schildkröten keine Zähne aufweist. Am Unterboden findet sich eine Zunge, die im Gegensatz zu der anderer Reptilien wenig entwickelt ist. An die Mundhöhle schließen sich der Schlund und die Speiseröhre an. Da Schildkröten die mit scharfen Hornscheiden abgebissene Nahrung im zahnlosen Mund nicht zerkleinern können, sorgen zahlreiche schleimproduzierende Drüsen für die Erhöhung der Gleitfähigkeit in der Speiseröhre. An die Speiseröhre schließt sich der Magen an, der wie eine große sackförmige Erweiterung erscheint. Der Magen geht in den Dünndarm über, der bei pflanzenfressenden Schildkröten eine beachtliche Länge aufweist und stark gewunden ist. In den ersten Dünndarmabschnitt münden die Ausführungsgänge von Leber und Bauchspeicheldrüse. Im Vergleich zum Dünndarm weist der Dickdarm einen wesentlich größeren Durchmesser auf. Der Dickdarm geht in den Enddarm über, der zusammen mit der Harnblase, dem Eileiter bzw. dem Samenleiter sowie den Analsäcken in die Kloake übergeht.

Das Atmungssystem beginnt mit der Nasenöffnung und dem einfach gebauten Kehlkopf, der in die vor der Speiseröhre gelegene Luftröhre übergeht. Die Lunge ermöglicht mit einer besonderen Innenauskleidung den Austausch von Atemgasen mit dem Blut.

Die Kreislauforgane bestehen aus dem Herzen und den Blut- und Lymphgefäßen.

Die Harn- und Geschlechtsorgane sind in Hinsicht auf ihre Entstehung sowie ihre Lage im Körper eng verbunden, so daß man auch vom „Urogenitalsystem" spricht. Das wichtigste Ausscheidungsorgan ist die Niere.

Die wesentliche Aufgabe der Gechlechtsorgane besteht in der Bildung der männlichen und weiblichen Keimzellen, die im Hoden bzw. Eierstock entstehen. Die Hoden bestehen aus mehreren Läppchen mit gewundenen Kanälchen, in denen die Samenbildung erfolgt.

Inzwischen ist bekannt, daß bei einigen Reptilien die Entstehung der Geschlechter in Abhängigkeit von der Temperatur während der Zeitigung erfolgt. Diese Beobachtung steht im Widerspruch zur genetischen Geschlechtsfixierung. Man muß allerdings bedenken, daß die

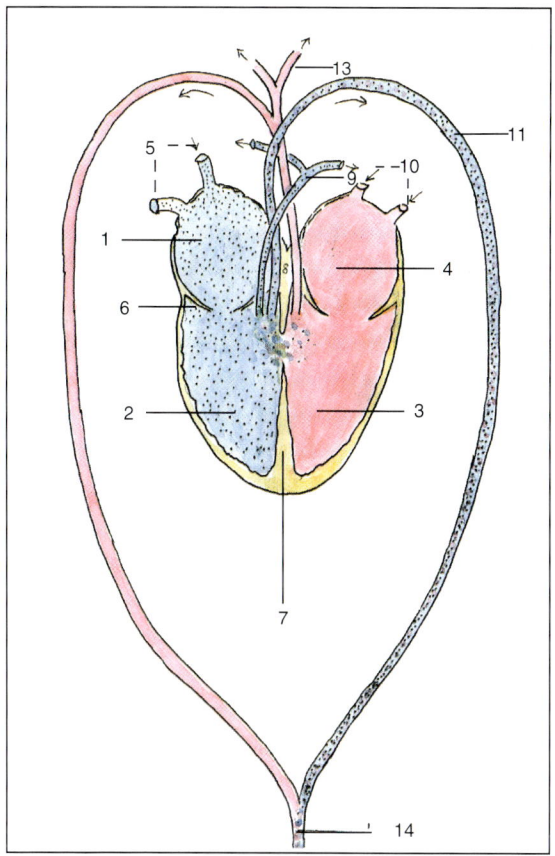

Vereinfachte schematische Darstellung von Herz und Kreislauf von Reptilien.
Es bestehen zwei vollständig getrennte Vorkammern, während die Herzkammern durch ein unvollständiges Septum noch nicht vollständig getrennt sind, sodaß des fehlenden Septums Mischblut entsteht. Nur die rechte aus der linken Kammer entspringende Aorta führt reines oxygeniertes Blut (Oxy-Blut) Der rechte Vorhof enthält reines desoxygeniertes Blut. (Desoxy-Blut).
1 **Rechter Vorhof mit Desoxy-Blut (CO_2 reich)**
2 **Rechte Kammer mit Mischblut (Hauptsächlich Desoxy-Blut)**
3 **Linke Kammer mit Mischblut (Hauptsächlich Oxy-Blut)**
4 **Linker Vorhof mit Oxy-Blut**
5 **Hohlvene mit Desoxy-Blut**
6 **Vorhof-Kammer-Klappe**
7 **Unvollständige Kammerscheidewand**
8 **Vorhofscheidewand**
9 **Lungenarterie entspringt aus der rechten Kammer mit hauptsächlich Dosoxy-Blut**
10 **Lungenvenen mit Oxy-Blut**
11 **Linker Aortenbogen entspringt aus der rechten Kammer mit hauptsächlich Desoxy-Blut**
12 **Rechter Aortenbogen entspringt aus der linken Kammer mit hauptsächlich Oxy-Blut**
13 **Kopfarterien mit hauptsächlich Oxy-Blut**
14 **Aorta descendens**

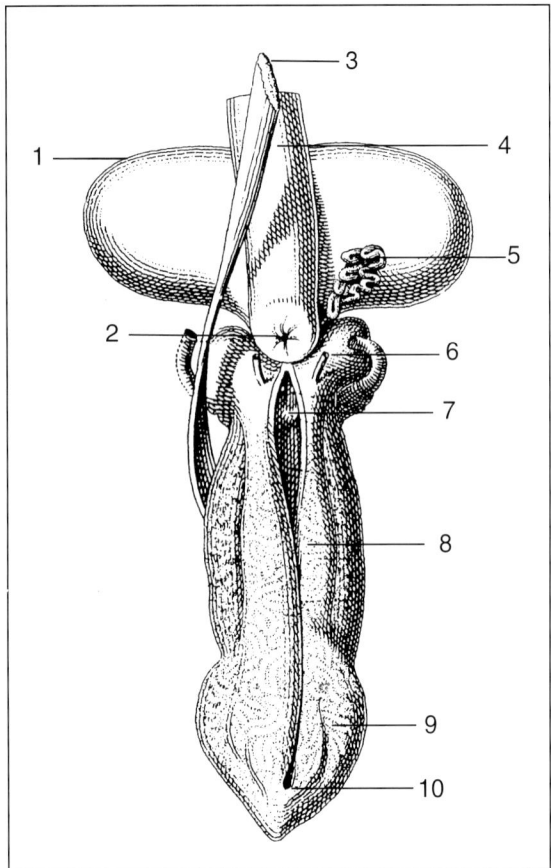

ten am Boden der Kloake und besteht aus zwei paarigen Schwellkörpern.

Die reifen Eier gelangen in die Leibeshöhle und werden sofort von dem trichterförmigen Ende des Eileiters aufgenommen, in dem die Befruchtung erfolgt.

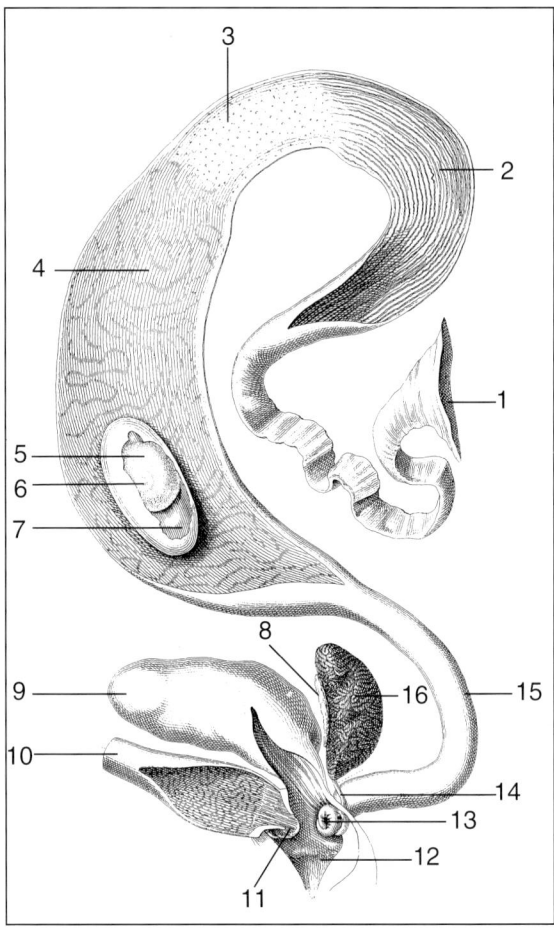

Männliche Geschlechtsorgane einer Schildkröte. Aus BOJANUS.

1 Harnblase
2 Einmündung des Enddarmes
3 Muskel zum Vorstülpen des Penis
4 Enddarm
5 Nebenhoden
6 Schwellkörper
7 Mündung des Samenleiters
8 Schwellkörper in der Umgebung der Harnröhre
9 Glans penis
10 Äußere Harnröhrenmündung

Potenz zur Entwicklung beider Geschlechter in jedem Keim vorhanden ist. Die Vorgänge verhalten sich jedoch komplizierter, als man bisher angenommen hat. Sehr wahrscheinlich spielen männliche und weibliche Geschlechtshormone und biochemishe Prozesse eine entscheidende Rolle. Für den Schildkrötenzüchter sind jedoch weniger theoretische Grundlagen als vielmehr experimentelle Ergebnisse von besonderer Bedeutung (S. 68).

Während der Paarung wird das Sperma über den Samenleiter in die Kloake geleitet und von hier über den eregierten Penis in die weibliche Kloake überführt. Der Penis liegt bei Schildkrö-

Weibliche Geschlechtsorgane einer Schildkröte. Aus BOJANUS.

1 Eileiteröffnung zur Aufnahme der Eizelle
2 Eileiter, oberer Abschnitt
3 Eileiter, mittlerer Abschnitt
4 Eileiter, unterer Abschnitt
5 Dotter
6 Keimscheibe
7 Eiweiß
8 Nebenniere
9 Harnblase
10 Linker Eileiter
11 Mündung des Linken Eileiters
12 Kloake
13 Eileitermündung
14 Harnleiter
15 Rechter Eileiter
16 Niere

Arten und Unterarten der Landschildkröten Europas, der Mittelmeerländer und des Vorderasiatischen Raumes

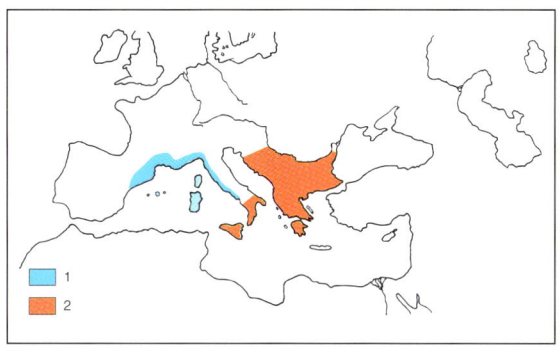

Verbreitungskarte der Griechischen Landschildkröte

1 *Testudo hermanni hermanni* GMELIN 1789 fide BOUR 1986)
Bisher *Testudo hermanni robertmertensi* WERMUTH 1952)

2 *Testudo hermanni boettgeri* MOJSISOVICS 1888
Bisher *Testudo hermanni hermanni* GMELIN 1789

Griechische Landschildkröte
Testudo hermanni
GMELIN, 1789

Zur Unterscheidung der Griechischen Landschildkröte von anderen europäischen und nordafrikanischen Arten werden drei Merkmale angegeben, jedoch sind nur zwei davon absolut artspezifisch. Im Gegensatz zur Maurischen Landschildkröte (*Testudo graeca*) besitzt die Griechische Landschildkröte (*T. hermanni*) am Schwanzende einen Hornnagel, der bei *Testudo graeca* niemals nachweisbar ist. Das zweite sichere Unterscheidungsmerkmal besteht in der fehlenden Höckerschuppe zwischen Schwanzwurzel und Hinterbein. Das dritte Merkmal, das geteilte Schwanzschild (Postcentrale) erwies sich für die Artbestimmung als unzuverlässig. So fand PETZOLD bei Populationen an der montenegrischen Adriaküste bei 8-10 % der Tiere

ein ungeteiltes Schwanzschild, das für *T. graeca* spezifisch ist.

Die Griechische Landschildkröte kommt in zwei Unterarten vor. Die im östlichen Verbreitungsgebiet beheimatete Subspezies trug als Nominatform bisher den Namen *Testudo hermanni hermanni* GMELIN, während die westliche Unterart von WERMUTH 1952 zu Ehren von Robert MERTENS als *Testudo hermanni robertmertensi* WERMUTH beschrieben wurde. Als BOUR 1987 feststellte, daß die Erstbeschreibung der Griechischen Landschildkröte ein Exemplar aus Südfrankreich zur Grundlage hatte, mußte die südfranzösische Population als Nominatform festgelegt werden. Das ist der Grund dafür, weshalb der bisherige Name (*T. hermanni robertmertensi*, WERMUTH) durch den nunmehr gültigen Namen *T. hermanni hermanni* GMELIN fide BOUR (1986) ersetzt werden mußte. Für den Beleg der östlichen Unterart (Ostrasse, Balkangebiet) diente ein Typusexemplar aus Rumänien, das von MOJSISOVICS 1988 beschrieben und als *Testudo hermanni boettgeri* MOJSISOVICS benannt wurde.

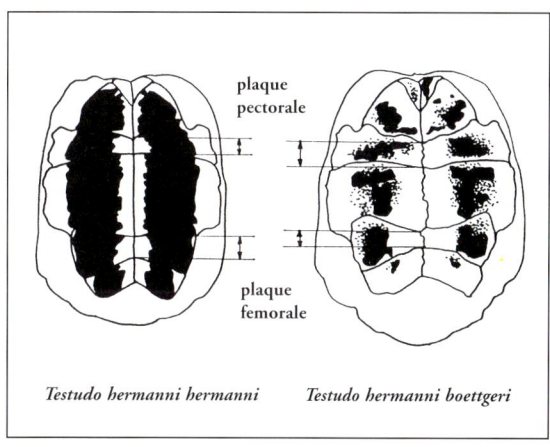

Plastronzeichnung von *Testudo hermanni hermanni* mit einer zusammenhängenden Pigmentleiste. Plastronzeichnung von *Testudo hermanni boettgeri* mit meist isolierten Pigmentflecken. Aus DEVAUX 1988

Testudo hermanni boettgeri ♀ von 2020 g

Testudo hermanni boettgeri
MOJSISOVICS, 1888 (östliche Unterart)

Äußere Merkmale: Die Tiere besitzen einen ovalen, gewölbten Carapax, dessen Hornschilder bei oliv-bräunlicher Grundfärbung unterschiedlich große und verschieden geformte, scharf begrenzte, dunkle Pigmentierungen besitzt. Die stärkste Konzentration der Pigmentierung findet sich im vorderen und seitlichen Abschnitt der Hornschilder. Der hintere Rand der Schilder besitzt kein Pigment. In der Mitte der Hornschilder befinden sich meist weitere Pigmentbezirke, die sehr oft mit der Randpigmentierung im Zusammenhang stehen. Bei sehr hellen Tieren existieren zentrale isolierte Pigmentbezirke. Der Bauchpanzer (Plastron) weist ebenfalls eine gelblich-bräunliche Färbung mit dunklen Flecken auf. Letztere sind von sehr unterschiedlicher Größe und Form und können mit den Pigmentflecken der Nachbarschilder in Verbindung stehen. Allerdings bilden die Pigmentbezirke des Plastron keine durchgehende zusammenhängende Leiste, die für die Westrasse typisch ist. Die zahlreichen kleinen, mitunter dachziegelartig angeordneten Beinschildchen sind teils dunkel, teils gelblich gefärbt. Im Alter nimmt die Anzahl der dunklen Schilder zu. Tiere mit geringer Pigmentierung am gesamten

Testudo hermanni boettgeri ♀ ; das Plastron weist eine gelblich-bräunliche Färbung mit dunklen Flecken auf.

Panzer besitzen überwiegend helle Hornschuppen im Bereich der Extremitäten.

Verbreitung: *T. hermanni boettgeri* kommt in den Balkanländern bis Südgriechenland und in Süditalien einschließlich Sizilien in unterschiedlicher Populationsdichte vor. Leider existieren nur von wenigen Verbreitungsgebieten exakte Angaben. So wird Bulgarien vollständig als Verbreitungsgebiet angegeben, doch zeigen die Untersuchungen von BESHKOW (1984), daß in vielen Gebieten Bulgariens Schildkröten vollständig fehlen oder nur in Populationen geringer oder mäßiger Dichte vorkommen.

Biotop: Grasebenen oder niedrige, mit Sträuchern oder niedrigem Baumbestand bewachsene Hügel. Auch auf steinigen Pfaden im Hügelland und in Bachtälern mit reicher Vegetation kann man sie finden. In sommerheißen Trockengebieten wird eine dichtere Buschvegetation bevorzugt.

Größe: Ausgewachsene Tiere erreichen eine Carapaxlänge von 20 bis 25 cm (Stockmaß). In seltenen Fällen wurden Tiere mit 30 cm Panzerlänge gemessen (Stockmaß). Mit Bandmaß über die Konvexität des Carapax gemessen wurden fast 40 cm erreicht. Allerdings handelt es sich

bei solchen extrem großen Tieren um in Menschenobhut gehaltene Exemplare.

Geschlechtsunterschiede: Bei gleichalten geschlechtsreifen Tieren bleiben die Männchen stets kleiner. Während ausgewachsene Weibchen ein Körpergewicht zwischen 1500 und 2500 g erreichen, sind männliche Tiere in der Regel nur 800 bis 1200 g schwer. Da sich Schildkröten im Gegensatz zu anderen Wirbeltieren beim Heranwachsen der Eier nicht ausdehnen können, befindet sich im Inneren des Körpers ein weiches Bindegewebe, das bei Volumenzunahme der Eier komprimiert werden kann. Männliche Tiere von *T. hermanni boettgeri* und von allen anderen europäischen und nordafrikanischen Landschildkröten erkennt man an einem im Vergleich zu den Weibchen wesentlich längeren und kräftigeren Schwanz und an einer deutlichen Konkavität des Plastron. Diese Konkavität ist für die Paarung von Vorteil, weil dadurch eine bessere Anpassung an die Konvexität des Carapax weiblicher Tiere möglich wird.

Haltung: Von allen Landschildkröten erwies sich die östliche Unterart von *T. hermanni* für unsere klimatischen Bedingungen als am besten geeignet. Eine Unterbringung der Tiere in

Habitat von *Testudo hermanni boettgeri* in Nestos

Unterschiedlich starke Pigmentierung des Plastrons bei *Testudo hermanni boettgeri;* **links ♂, rechts ♀.**

einem Freiland – oder Balkonterrarium während des Sommers ist unbedingt erforderlich und beeinflußt die Lebenserwartung der Tiere günstig. Wir halten diese Art sogar ganzjährig in einer Freilandanlage mit Schutzhäusern. Maßnahmen zur Überwinterung im Freiland sind im Abschnitt „Überwinterung" angegeben. Neben der Überwinterung im Freiland ist auch eine Unterbringung der Tiere in einem frostfreien Raum bei 4-8 °C möglich.

Testudo hermanni hermanni

GMELIN 1789 fide BOUR (1986)
(Bisher: *Testudo hermanni robertmertensi* WERMUTH 1952)

Äußere Merkmale: Im Vergleich zur östlichen Unterart ist die Färbung des Panzers bei der Westrasse meist kräftiger. Die hellen Teile des Panzers sind leuchtend gelb und die Pigmentierung schwarz. Hinter und etwas unterhalb des Auges befindet sich beiderseits ein heller gelblicher Fleck. Die schwarzen Flecken der Hornschilder des Plastron sind beiderseits zu einem durchgehenden Band verschmolzen, während bei der östlichen Unterart selbst bei Verschmelzung einiger Pigmentfelder die Kehl- und Afterschilder immer isoliert stehen. Außerdem ist die Kontaktlinie beider Brustschilder bei der östlichen Unterart stets länger als die Kontaktlinie beider Femuralia. Auch die westliche Unterart besitzt einen Hornnagel am Ende der Schwanzspitze und keine Höckerschuppe zwischen Schwanzwurzel und Hinterbein.

Verbreitung: Populationen unterschiedlicher Stärke befinden sich in Mittel- und Norditalien, Südfrankreich, Korsika, Sardinien, Balearen, und in Nordostspanien. Ihr Verbreitungsgebiet war in früheren Erdzeitaltern wesentlich größer. Die Verkleinerung des Verbreitungsgebietes seit dem Quartär (Beginn vor 1,7 Millionen Jahren) bis zum Neolithikum (Jungsteinzeit Beginn vor etwa 8000 Jahren) ist beachtlich.

Biotop: Trockene Graslandschaft mit niedrigen Büschen und wenig Bäumen, auch hügelige, zum Teil steinige Landschaft.

Testudo hermanni hermanni ♀

Habitat von *Testudo hermanni hermanni* **auf Korsika**

Testudo hermanni hermanni ♀

Testudo hermanni hermanni ♂

Testudo hermanni hermanni-Weibchen mit unvollständig geteiltem Schwanzschild.

Größe: Die Tiere sind kleiner als die östliche Unterart. Die Weibchen erreichen ein Längenmaß von höchstens 20 cm. Bis zu einer Carapaxlänge von etwa 10 cm sind männliche und weibliche Tiere im Alter von etwa 5 Jahren gleich groß. Danach bleiben Männchen in der Carapaxlänge zurück und erreichen ein Stockmaß von etwa 17 cm.

Geschlechtsunterschiede: Wie die östliche Unterart so besitzen auch die Männchen von *T. hermanni hermanni* einen längeren, an der Basis breiteren Schwanz und eine konkave Plastronform. Beide Geschlechter zeigen einen Hornnagel am Schwanzende.

Haltung: *T. hermanni hermanni* ist wärmebedürftiger als die östliche Unterart, doch ist eine Pflege der Tiere an warmen Sommertagen im Freilandterrarium oder Balkonterrarium erforderlich. Eine Überwinterung der Tiere im Freiland gelingt unter den klimatischen Bedingungen in Deutschland in der Regel nicht. Die Winterruhe sollte in einem frostfreien Raum bei 4-8 °C erfolgen.

Verbreitungskarte der Maurischen Landschildkröte
1 *Testudo graeca ibera* PALLAS 1814
2 *Testudo graeca graeca* LINNAEUS 1758

Maurische Landschildkröte
Testudo graeca
LINNAEUS, 1758

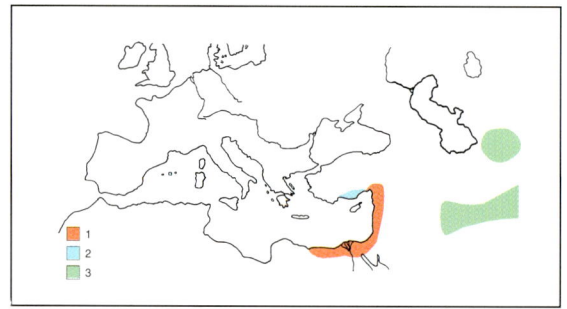

Verbreitungskarte von Unterarten der Maurischen Landschildkröte in N.-O. Afrika, in der Türkei und im Vorderen Kleinasien
1 *Testudo graeca terrestris* FORSKAL 1775
2 *Testudo graeca anamurensis* WEISSINGER 1987
3 *Testudo graeca zarudnyi* NIKOLSKIJ 1896

Die Maurische Landschildkröte bildet in dem großen Verbreitungsgebiet vom Kaspischen Meer bis nach Südspanien und Marokko mehrere Unterarten, die jedoch nicht alle als gesichert gelten können. Von den 5 Unterarten wurden hauptsächlich die östliche Unterart *Testdudo graeca ibera* und die westliche Nominatform *T. graeca graeca* nach Europa exportiert. *T. graeca ibera* ist für die Terrarienhaltung sehr gut geeignet. Die übereinstimmenden Merkmale aller Unterarten von *T. graeca* sind eine deutlich ausgebildete Höckerschuppe zwischen Schwanzwurzel und Hinterbein sowie der fehlende Hornnagel am Schwanzende. Außerdem ist bei *T. graeca* das Schwanzschild niemals geteilt. Allerdings kann die fehlende Teilung des Schwanzschildes auch bei *T. hermanni* vorkommen, so daß man dieses Merkmal nicht als artspezifisch betrachtet. Von den fünf Unterarten wurden die beiden im Folgenden zuerst besprochenen Unterarten am häufigsten nach Deutschland exportiert.

Testudo graeca ibera
PALLAS, 1814

Äußere Merkmale: Diese südeuropäische – westasiatische Unterart besitzt einen ovalen Carapax, der auf einem olivfarbenen Grund unregelmäßig gestaltete, pigmentierte Flecken

Testudo graeca ibera ♂; dunkle Carapaxzeichnung eines älteren Tieres, jedoch mit Zuwachsstreifen

Biotop von *Testudo graeca ibera***, Keramoti**

Testudo graeca ibera ♀ ♀ **besitzen einen kürzeren Schwanz, die Höckerschuppe ist deutlich ausgebildet und der Schwanz besitzt keinen Endnagel.**

aufweist. Bei jüngeren Tieren ist der Kontrast zwischen dunklen Flecken und hellem Grund wesentlich deutlicher. Der Bauchpanzer erscheint bräunlich bis oliv mit verschwommenen, zusammenfließenden dunklen Flecken. Ältere Tiere sind dunkler und zeigen am hinteren Carapax oft nach oben gerichtete, sägeartig gekerbte Marginalschilder. Dabei kann das Caudalschild nach basal gerichtet sein. Nicht selten ist der hintere Plastronteil mit dem vorderen Abschnitt durch eine bindegewebige Zone verbunden, so daß die für die Eiablage erforderliche Beweglichkeit entsteht. Merkwürdigerweise existiert eine solche Plastronbeweglichkeit zwischen Femurale und Abdominale auch bei manchen älteren männlichen Tieren.

Verbreitung: Griechenland, Bulgarien, Rumänien, Türkei, Zypern, Irak, Iran, südwestlicher Kaukasus und Aserbaidshan. Das Vorkommen in Mazedonien erscheint zweifelhaft. Das sympatrische Vorkommen mit *T. hermanni boettgeri* gilt als gesichert.

Biotop: Offene Gras- und Buschlandschaft, steinige Hügellandschaft mit Büschen, Waldränder bis zur Küstenlandschaft, aber auch Halbwüsten und Steppen.

Größe: Zweitgrößte europäische Landschildkröte. Das Maximum der Carapaxlänge beträgt nach Felduntersuchungen von LAMBERT 20,8 – 21,8 cm. Einzelne Tiere können eine Carapaxlänge bis 30 cm erreichen. Das Körpergewicht erwachsener Exemplare im Freiland liegt zwischen 1700 g und 1950 g. Ein beachtliches Kör-

pergewicht bei einem in einem Zoologischen Garten gepflegten Tier wurde mit 4000 g ermittelt. Eine 63 Jahre alte Schildkröte wog gar 4366 g.

Geschlechtsunterschiede: Wie bei *Testudo hermanni* haben auch die Männchen von *T. graeca ibera* im Vergleich zu den Weibchen einen längeren und an der Basis breiteren Schwanz. Außerdem ist der Bauchpanzer der Männchen deutlich konkav.

Haltung: *T. graeca ibera* ist etwas wärmebedürftiger als *T. hermanni*. Während der Sommermonate bietet sich eine Pflege im Freilandterrarium an. Bei naßkalter Witterung kann eine Haltung im Zimmerterrarium oder Gewächshaus empfohlen werden. Allerdings leben diese Tiere bei uns seit fast 40 Jahren bei vollständiger Freilandhaltung einschließlich Freilandüberwinterung in Schutzhäusern. Eine Winterruhe in frostfreien Räumen bei 4-8 °C ist ebenfalls möglich und deshalb ratsam.

Testudo graeca ibera links ♂, rechts ♀.

Testudo graeca graeca
LINNAEUS, 1758

Die Unterarten der Maurischen Landschildkröten variieren in Größe und Farbe sehr stark, so daß die Bestimmung von Unterarten nicht selten auf Schwierigkeiten stößt. Vergleicht man jedoch nicht nur einzelne Tiere, sondern ganze Populationen, so wird die Unterscheidung erleichtert, weil trotz der Variationen ein Standardtyp ermittelt werden kann.

Äußere Merkmale: Die Grundfärbung der Nominatform variiert von leuchtend gelb bis blaßoliv oder bräunlich bis rötlichbraun. Der

Testudo graeca graeca

Habitat von *Testudo graeca graeca,* **Coto Donana**

Carapax ist hochgewölbt, die einzelnen Schilder zeigen eine unterschiedlich starke Randpigmentierung mit einem zentralen schwarzen Fleck. Der Hinterrand der Schilder ist frei von Pigment. Die Tiere sind heller und kleiner als *T. graeca ibera* und im Kopfbereich fallen helle Flecken auf. Auch diese Unterart besitzt eine deutliche Höckerschuppe zwischen Schwanz und Hinterbein und keinen Endnagel am Schwanz.

Verbreitung: Südspanien, Balearen, Marokko, Algerien, Tunesien, Lybien, allerdings in teilweise sehr kleinen Populationen. In Spanien wird die gesamte Population mit 5000 bis 6000 Individuen angegeben. Das entspricht einer Populationsdichte von 2 bis 5 Tieren pro Hektar. Ferner wird von eingeführten Kolonien auf Sardinien, Sizilien und Malta berichtet.

Biotop: Halbdürres Gestrüpp und Grasland in hügeligem Gelände. Auch in Steppengebieten und Sanddünen sowie in der Vegetation des Küstenbereiches. Auf der Grundlage ausgedehnter feldherpetologischer Untersuchungen in Marokko hat LAMBERT die engen Beziehun-

gen zwischen den vom jeweiligen Klima abhängigen Biotopen und der Verbreitung von *T. graeca graeca* ermittelt. Die Tiere wurden in Höhen bis 1900 m ebenso nachgewiesen wie in Gebieten mit einer mittleren Temperatur von - 4 °C im kältesten Monat. Im Hinblick auf Biotopveränderungen ist *T. graeca graeca* besonders empfindlich. Im südlichen Marokko bildet *Argania spinosa* (Ordnung Ebenholzartige) landschaftsbestimmende, lichte Trockenwälder. Durch Entwaldung mit Vernichtung der Bodenvegetation, durch Ausbreitung und Intensivierung der Landwirtschaft, durch Überweidung und Abnahme der Niederschläge wurde dieses Ökosystem stark geschädigt. Nach Untersuchungen von BAYLEY und HIGHFIELD ist deshalb die bisherige bodenständige Population von *Testudo graeca graeca* stark bedroht. Die Tiere wandern sogar in farmartig bewirtschaftete Gebiete ab.

Die im Freiland ermittelte maximale Carapaxlänge für männliche und weibliche Tiere in Nordwestafrika beträgt 15,1 und 19,8 cm, in der Türkei und Griechenland hingegen 20,8 und 21,8 cm. Das stärkste Wachstum erfolgt bis zum 7. Lebensjahr. Weibliche Tiere konnten erst mit einer Carapaxlänge von 11 cm eindeutig geschlechtlich bestimmt werden (LAMBERT).

Haltung:

Die kleinere Nominatform der Maurischen Landschildkröte (*T. graeca graeca*) stammt aus wärmeren Gebieten als die östliche *T. graeca ibera*. Bei der Pflege der Tiere muß diese Tatsache Berücksichtigung finden. Aus diesem Grunde ist eine Freilandüberwinterung in unserem Klima ausgeschlossen, jedoch sollten die Tiere an warmen Sommertagen in einem Freilandterrarium oder Balkonterrarium untergebracht werden. Bei naßkalter Witterung ist ein Aufenthalt im Zimmerterrarium oder Gewächshaus dringend geboten. Eine verkürzte Winterruhe bei 5 °C bis 10 °C wird empfohlen.

Testudo graeca graeca

Testudo graeca terrestris

FORSKAL, 1775

Äußere Merkmale: Durch Untersuchungen von EISELT und SPITZENBERGER wissen wir von der großen Variabilität der Panzerfärbung, doch ist die Gelbtönung der hellen Stellen charakteri-

Testudo graeca terrestris

Jungtier von *Testudo graeca terrestris*

Testudo graeca terrestris-Biotop, Ansari-Gebirge

stisch. Bei stark gelb gefärbten Tieren sind die dunkel pigmentierten Stellen selten schwarz sondern meist bräunlich. Der Kopf zeigt oben und seitlich auffallende gelbe Flecken. Hals und Beine erscheinen hellgelb bis oliv. Die meisten Tiere weisen auf Centralia und zum Teil auf Lateralia einen kleinen schwarz bis braun gefärbten zentralen Fleck auf. Diese Hornschilder sind vorn und seitlich schwarz bis braun pigmentiert. Selten erweisen sich die Tiere als so dunkel pigmentiert, daß kaum helle Stellen verbleiben. Der Carapax ist hochgewölbt, der Bauchpanzer bei den meisten Tieren gelb oder beige mit stark reduzierten Pigmentflecken versehen. Es kommen auch Tiere vor, deren Plastron frei von Pigment oder zu etwa 3/4 der Fläche pigmentiert ist. Im Hinblick auf die große Variabilität der Panzerzeichnung, die als Grundlage der Unterartbestimmung gilt, erweist sich eine Unterscheidung von *T. graeca floweri* als nicht möglich. Ich halte so, wie auch andere Autoren, beide Subspezies für identisch.

Verbreitung: Östliche Mittelmeerländer: Ostlibyen, Ägypten, Israel, Libanon, Syrien und Südosttürkei.

Biotop: In allen Mittelmeerländern existieren schmale Gebiete mit ausgeglichenem Klima (milde Winter, mäßig heiße Sommer). Außerhalb der Küstengebiete besteht ein typisches Kontinentalklima mit großen Temperaturschwankungen zwischen einer sehr heißen Tagestemperatur und kühlen Nächten. Die Tiere leben hier in Steppen mit geringer Vegetation, ferner in Buschland sowie in trockenen Wäldern.

Größe: Die meisten Autoren betonen die geringe Größe (bis 16 cm Carapaxlänger), während aufgrund feldherpetologischer Untersuchungen auch über eine Panzerlänge bis 30 cm berichtet wird.

Geschlechtsunterschiede: Der Schwanz besitzt keinen Endnagel und erscheint bei Männchen an der Basis breiter und länger. Männchen weisen ein konkaves Plastron auf. Die Höckerschuppe zwischen Schwanz und Hinterbein ist bei beiden Geschlechtern ausgebildet.

Haltung: Die Terrarienhaltung läßt sich dem Vorkommen der Tiere in trokenen und heißen

Gebieten anpassen. Entsprechend dem großen Wärmebedürfnis der Tiere ist ein Trockenterrarium mit Wärmestrahler und Lichtquelle erforderlich. An warmen Sommertagen sollte ein Freilandaufenthalt oder die Pflege im Balkonterrarium ermöglicht werden. Bei naßkalter Witterung gehören die Tiere in ein Zimmerterrarium. Eine kurze Winterruhe bei 10 bis 12 °C ist möglich, jedoch kann darauf auch verzichtet werden.

Testudo graeca anamurensis

WEISSINGER, 1987

Testudo graeca anamurensis

1987 beschrieb WEISSINGER diese neue Unterart von der Südküste der Türkei von Antalya bis Mersin. Die Tiere sollen im Vergleich zu *T. graeca ibera* einen flacheren und schmaleren Carapax aufweisen. Der Rückenpanzer zeigt eine unregelmäßige, zerrissene Fleckenzeichnung. Am Plastron sind braune bis schwarze, unregel-

Testudo graeca anamurensis

mäßig gestaltete Flecken erkennbar. Kinn und Kehle erscheinen weißgelb. Die Kopfzeichnung variiert von einfarbig dunkel bis gelb gefleckt. Biotop, Geschlechtsunterschiede und Haltung wie bei *Testudo graeca ibera*. Überwinterung im frostfreien Raum bei 5 °C bis 10 °C .

Testudo graeca zarudny

NIKOLSKY, 1896

Jungtiere von *Testudo graeca zarudny*

Diese Tiere weisen einen länglichen, hochgewölbten Carapax auf, der im hinteren Abschnitt breiter und gesägt ist. Der Panzer zeigt sich dunkel mit zahlreichen unregelmäßig gestalteten hellen Flecken. MERTENS erwähnt intermediäre Tiere, die sehr an *T. graeca ibera* erinnern. Dieser Autor betrachtet deshalb *T. graeca zarudnyi* als östliche Rasse von *T. graeca ibera*. Andere neigen dazu, diese Tiere als selbständige Art anzusehen (= *T. zarudnyi*).

Testudo graeca zarudnyi

Größe: Bis 35 cm

Verbreitung: Östlicher und südlicher Iran, südwestliches Afghanistan und westliches Pakistan.

Haltung: In den Sommermonaten Freiland- oder Balkonterrarium. Überwinterung bei 6 bis 10 °C im Keller. Eine verkürzte Winterruhe ist zu empfehlen.

Breitrandschildkröte

Testudo marginata

SCHOEPFF, 1792

Äußere Merkmale: Die Breitrandschildkröte ist die größte und seltenste europäische Landschildkröte mit dem kleinsten Verbreitungsgebiet. Ausgewachsene Tiere besitzen einen lang gestreckten, hochgewölbten Carapax mit Marginalschildern, die am hinteren Abschnitt besonders bei großen, alten Tieren aufgebogen sind. In der Mitte der Hornschilder (Centralia, Lateralia) finden sich gelbbräunliche, helle Flecken nach meinen Beobachtungen bereits

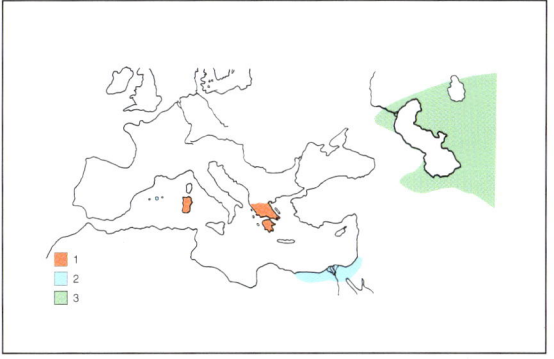

Verbreitungskarte der Breitrandschildkröte, der Ägyptischen Landschildkröte und der Vierzehenschildkröte
1 *Testudo marginata* SCHOEPF 1792
2 *Testudo kleinmanni* LORTET 1883
3 *Testudo (Agrionemys) horsfieldi* GRAY 1844

bei Jungtieren im Alter von 2 Jahren. Sehr alte Tiere sind nach feldherpetologischen Untersuchungen bis zu 20% einfarbig schwarz. Der Bauchpanzer ist gelb bis bräunlich mit verschieden großen, meist dreieckigen dunklen Flecken. Eine große Höckerschuppe zwischen Schwanzwurzel und Hinterbein, die für *T. graeca* ein sicheres artspezifisches Merkmal ist, fehlt bei *T.*

Testudo marginata

marginata. Das Schwanzschild (Postcentrale) erweist sich als niemals geteilt. Der Schwanz wird bei männlichen Tieren länger und an der Basis breiter als bei weiblichen Tieren. Die Haut von Hals und Extremitäten erscheint heller als bei *T. graeca.* Der Kopf zeigt in der Regel oben und teilweise seitlich helle Flecken, jedoch gibt es auch Tiere mit vollkommen dunkler Zeichnung. der Bauchpanzer ist bei männlichen Tieren stark konkav.

Zwischen der griechischen Stammform der Breitrandschildkröte und den auf Sardinien lebenden Tieren bestehen beachtliche Unterschiede, die nach R. MAYER für die sardinischen Tiere eine eigene Unterart rechtfertigen und als *Testudo marginata sarda* benannt wurden; bei der griechischen Stammform sind die hinteren Marginalschilder größer, stark aufgebogen und tief gezackt. Bei den sardinischen Tieren bleiben die hinteren Marginalschilder kleiner, weniger ausladend und glattrandig. Weitere feldherpetologische Untersuchungen zur Bestätigung der neuen Unterart liegen bisher nicht vor. Die auf Sardinien existierende Population hat sich aus

Testudo marginata, nach Bour *Testudo weissingeri*

eingeführten Tieren entwickelt und wurde bereits in der Mitte des vorigen Jahrhunderts erwähnt. Im Hinblick auf die von MAYER beschriebene, auf Sardinien trotz langsamer Generationsfolge entstandene Unterart (*T. marginata sarda*) muß die Besiedlung wesentlich früher erfolgt sein.

Von BOUR wurde 1995 auf der Grundlage der Untersuchungen von WEISSINGER eine Zwergform der Breitrandschildkröte beschrieben, deren Vorkommen auf den Süden des Peloponnes beschränkt ist. Nach BOUR handelt es sich um eine neue Art (*Testudo weissingeri* sp.nov.), die sich im Vergleich zu der normalgroßen Stammform durch geringere Körpergröße und eine matte und verschwomme Färbung des Panzers auszeichnet. Zwerg- und Stammform sollen sympatrisch vorkommen. Weitere feldherpetologische Untersuchungen müssen durchgeführt werden , um mit Sicherheit auszuschließen, daß die Zwergform die Folge eines mangelhaften Nahrungsangebotes ist.

Testudo marginata

Verbreitung: Die Breitrandschildkröte ist in Griechenland vom Olymp bis zum Tagetos-Gebirge (südlich des Peloponnes) beheimatet und kommt auch auf einigen Ägäischen Inseln und auf Sardinien vor.

Biotop: Die Tiere lieben besonnte, mit Sträuchern und Kräutern bewachsene, von Felsen und Steinen durchsetzte Berghänge. Im Gebiet des Olymp sind die Tiere noch bis 1600 m nachweisbar. In dieser Höhe herrscht im Januar Dauerfrost. Die mittlere Tagestiefsttemperatur im Januar beträgt -7!, die mittlere Tageshöchststemperatur -1 °C . Breitrandschildkröten sonnen sich gern, und der dunkle Panzer ist geeignet, an kühlen Tagen Wärme zu speichern. Andererseits erweist sich der dunkle Panzer an heißen Tagen als nachteilig, so daß die Tiere zwischen 10 und 17 Uhr Schutz unter Sträuchern suchen.

Größe: In Südgriechenland wurde die mittlere Panzerlänge von geschlechtsreifen Tieren mit 21 bis 23 cm ermittelt. *T. marginata* kann jedoch

Habitat von *„Testudo weissingeri"*

eine Carapaxlänge von 30 bis 35 cm erreichen.

Haltung: Breitrandschildkröten werden von erfahrenen Züchtern im mitteleuropäischen Raum mit großem Erfolg im Freilandterrarium gehalten. Selbst in einer Höhe von 700 m konnten 4 Zuchtpaare in einem 30 qm großen Freilandterrarium in der Schweiz gehalten und regelmäßig zur Nachzucht gebracht werden

„Testudo weissingeri"

Habitat von *Testudo marginata*

(KLEINER). *T. marginata* erträgt bei trockenem, ruhigem Wetter Temperaturen bis fast 0 °C. Auch im Dresdener Klima pflegt HEIMANN seit vielen Jahren in einem 30 qm großen Freiland-terrarium eine Zuchtgruppe Breitrandschild-kröten ohne Zusatzheizung und erhält in jedem Jahr eine beachtliche Zahl von Jungtieren. An kühlen und freuchten Tagen haben die Zucht-tiere die Möglichkeit in einer mit Laub und Stroh gefüllten Schutzhütte Unterschlupf zu finden. Zur Überwinterung werden die Tiere in einen frostfreien Keller gebracht.

Es ist auch möglich, besonders Jungtiere zu einer Verlängerung der Aktivitätsperiode in ein Zimmerterrarium zu überführen und noch eini-ge Wochen zu füttern. Die Tiere erhalten täg-lich 5 bis 10 Minuten Bestrahlung mit einem Osram-Vitalux-Strahler (300 Watt) und errei-chen die für die Nahrungsaufnahme erforderli-che Körpertemperatur durch einen im Terrari-um angebrachten Wärmestrahler. Vor der Win-terruhe müssen die Tiere mehrmals ein Warm-bad bis zur vollständigen Entleerung des Dar-mes erhalten.

Ägyptische Landschildkröte
Testudo (Pseudotestudo) kleinmanni
LORTET, 1883

Äußere Merkmale: Die zu den kleinsten Arten gehörende Ägyptische Landschildkröte besitzt einen gewölbten Carapax mit gelber oder gelb-oliver Grundfarbe. Centralia und Lateralia zei-gen keine zentrale Pigmentierung, jedoch ist am Vorderrand und seitlich ein schmaler Pigment-streifen erkennbar. Der Hinterrand dieser Schil-der erscheint stets frei von Pigment. Ein sehr breites Praecentrale fällt auf. Das Postcentrale liegt niemals geteilt vor. Höckerschuppen zwi-schen Schwanzwurzel und Hinterbein sind nicht ausgebildet, ebenfalls fehlt ein Endnagel am Schwanz. Der Bauchpanzer erscheint hell-gelb mit einigen dunklen oft dreieckigen Flecken.

Bei älteren Tieren ist der hintere Teil des Plastron beweglich. Der Kopf zeigt auffallend dunkle Augen, Hals und Beine sind hellgelb bis gelboliv. Unterarten sind nicht bekannt.

Testudo kleinmanni

Verbreitung
In zum Teil sehr kleinen Populationen ist diese Art in Libyen, Ägyten und Israel nachgewiesen.

Biotop
Trockengebiete mit Büschen zum Teil wüstenartig mit spärlicher Vegetation. Von der Küste landeinwärts bis etwa 60 km nachweisbar. Die mittlere Lufttemperatur der wüstenartigen Gebiete beträgt 20 °C, das mittlere Maximum 30 °C und das Minimum 12 °C. Der Lebensraum dieser Tiere ist durch Überweidung von Ziegen der Beduinen bedroht.

Größe
Die Carapaxlänge wird mit 10 bis 15 cm angegeben. Das Gewicht ausgewachsener Tiere beträgt etwa 200 g.

Haltung
Die Tiere benötigen ein trockenes Terrarium mit Temperaturen nicht unter 25 °C. Am wohlsten fühlen sie sich bei Temperaturen zwischen 30 und 34 °C. Ein Freilandaufenthalt wird nur an heißen Sommertagen empfohlen. Die Ernährung erfolgt rein vegetarisch. Eine Winterruhe entfällt anstelle der Warmhaltung auch während der kalten Jahreszeit. Die Tiere haben eine sehr geringe Vermehrungsquote (1-3 Eier pro Saison).

Da diese Art in den Heimatländern stark bedroht ist, sollte nur ausnahmsweise ein behördlich genehmigter Import speziell für versierte Pfleger mit optimalen Haltungsbedingungen zur Zucht der Tiere erfolgen.

Testudo kleinmanni

Vierzehen- oder Steppenschildkröte
Testudo (Agrionemys) horsfieldi
GRAY, 1844

Äußere Merkmale: Die Vierzehenschildkröte oder Steppenschildkröte fällt durch einen runden, flachen Panzer auf. Die Grundfarbe zeigt sich in gelboliv bis braun mit unscharf begrenzten und verschieden großen Pigmentflecken auf Centralia und Lateralia. Die Pigmentflecken erreichen niemals den vorderen und seitlichen Rand der Schilder. Auch auf dem Plastron befinden sich dunkle Pigmentflecke von sehr unterschiedlicher Größe. Die kräftigen zum Graben geeigneten Vorderbeine besitzen nur 4 Zehen. Das Postcentrale ist niemals geteilt. Zwischen Schwanzwurzel und Hinterbein befinden sich mehrere Höckerschuppen, die niemals die Größe der Höckerschuppe von *T. graeca* erreichen. Der Schwanz besitzt keinen Endnagel und erscheint bei männlichen Tieren an der Basis dicker und länger als bei Weibchen.

Verbreitung: Die Tiere sind in mittelasiatischen Ländern mit Kontinentalklima beheimatet. Die Populationsdichte in Kasachstan, Usbekistan, Afghanistan, Belutschistan, Pakistan und im Iran divergiert stark. Im Hinblick auf das riesige Verbreitungsgebiet dieser Art ist die Existenz von Unterarten anzunehmen. So hat CHIKVADSE (1988) auf der Grundlage von morphologischen Unterschieden eine neue Unterart beschrieben: *Agrionemys horsfieldi kazachstanica* subspecies nov. Das einzige europäische Vorkommen erwies sich als nicht gesichert. Es handelt sich wahrscheinlich um ausgesetzte Tiere.

Biotop: In den genannten Ländern herrscht ein Klima mit großen Gegensätzen zwischen Tag und Nacht sowie zwischen Sommer und Winter. Diesen harten Bedingungen haben sich die Tiere seit Jahrtausenden angepaßt und konnten so eine große Verbreitung erreichen. Die Tiere leben in sandigen oder lehmigen Steppengebieten, Halbwüsten und Wüsten. In diesen im Sommer extrem heißen Gebieten und in kalten Wintern mußten sie die Fähigkeit erwerben, sich vor Hitze und Kälte zu schützen. Mit ihren kräftigen Vorderbeinen sind sie in der Lage, Gänge mit einer kleinen Schlafkammer in einer Länge bis 1,75 m zu graben.

Testudo (A.) horsfieldi ♀ von 1500 g beim Sonnenbad

Testudo (A.) horsfieldi links ♀ rechts ♂

Größe: Vierzehenschildkröten erreichen eine Größe von 20, maximal bis 28 cm.

Geschlechtsunterschiede: Männliche Tiere sind im Vergleich zu den Weibchen kleiner. Eine konkave Form des Plastron als sekundäres Geschechtsmerkmal der Männchen ist nicht ausgebildet. Der Schwanz erscheint bei männlichen Tieren an der Basis breiter und länger als bei Weibchen.

Haltung: Eine mit Recht immer wieder geforderte der Biologie einer Art entsprechende Haltung von Tieren in Menschenobhut muß stets die Lebensbedingungen im natürlichen Lebensraum zur Grundlage haben. Da Vierzehenschildkröten aus Trockengebieten stammen, sehr bewegungsaktiv sind und sich gern eingraben, sollte ein Trockenterrarium von mindestens 1,5 m Länge in Verbindung mit einem Balkonterrarium zur Verfügung stehen. Als Bodengrund ist eine 20 – 30 cm hohe Schicht eines Sand-Torfgemisches zu empfehlen. Andere Pfleger bevorzugen Hobelspäne oder ein

Dunkles Exemplar von *Testudo (A.) horsfieldi*

Gemisch von Sand, lockerer Walderde und Laub als Substrat.

Die Tiere wurden als robuste und anspruchslose Pfleglinge für Anfänger in der Reptilienhaltung empfohlen. Wenn man bedenkt, daß die asiatischen Tiere mit einem sehr unterschiedlichen Klima in Mitteleuropa konfrontiert werden, dann versteht sich die große Belastung der Tiere besonders nach einer langen Transportreise. In der Zeit der Massenimporte überstanden manche Tiere die Strapazen der Reise nicht oder starben sehr bald oder nach der ersten Überwinterung. Vierzehenschildkröten sind demnach keine robusten und anspruchslosen Pfleglinge. Importierte Tiere sollten einige Wochen in eine Quarantäneanlage überführt werden, wobei durch Kotuntersuchungen Parasitenträger ermittelt und behandelt werden.

Testudo (A.) horsfieldi ♀ **in der Morgensonne vor der Höhle**

Die Pflege erfolgt im Sommer in einem Freilandterrarium, wenn ein mit Heu und Laub gefülltes Schutzhaus zur Verfügung steht, und Sonnenschutz unter Sträuchern oder Grasbüschen vorhanden ist. Die Tiere genießen dort schrägstehend an Grasbüscheln die Morgensonne. Bei anhaltender feuchtkühler Witterung ist eine Überführung in ein Zimmerterrarium ratsam. Da in den Heimatländern die Vegetation Ende Juni verdorrt und die Hitze unerträglich wird, halten Vierzehenschildkröten in selbst gegrabenen Höhlen Sommerschlaf. Eine solche Verhaltensweise wird auch bei uns an heißen Sommertagen beibehalten.

Während in den Heimatländern die Sommerruhe direkt in eine Winterruhe übergehen kann, verlassen die Tiere in unseren Breiten bei gemäßigten Temperaturen die Wohnhöhlen am Morgen zum Sonnenbad, um an heißen Tagen in den Höhlen vor Sonnenhitze wieder Schutz zu finden. Bei Einsetzen kühler Witterung besteht die Gefahr, daß sich die Tiere im Freilandterrarium zur Winterruhe vergraben und erst im Frühling wieder zum Vorschein kommen. In meiner Freilandanlage haben sich in den letzten 30 Jahren einzelne Tiere nur 10 bis 15 cm tief vergraben, so daß sie einen harten Winter ohne Schnee nicht überstanden. Deshalb rate ich bei der Vierzehenschildkröte von einer Freilandüberwinterung ab und halte eine Winterruhe in einer mit Substrat gefüllten Kiste bei 4 °C bis 8 °C für risikoärmer, obwohl in meiner Freilandanlage mehrere Tiere seit über 20 Jahren überwintern. Bei der Kontrolle der Tiere vor der Überwinterung sind diese weder in der Anlage, noch in den Schutzhäusern auffindbar, doch an den ersten warmen Frühlingstagen erscheinen sie plötzlich wieder und genießen angelehnt an Grasbüsche die wärmende Frühlingssonne. Vierzehenschildkröten beenden zuerst die Winteruhe während sich *T. hermanni boettgeri* und *T. graeca ibera* noch im Substrat der Schutzhäuser befinden. In einer etwa 30 qm großen Freianlage sollten nicht mehr als 3 männliche und 6 weibliche Tiere gepflegt werden.

TERRARIEN FÜR LANDSCHILDKRÖTEN

Pfleger europäischer Landschildkröten sollten ein Freilandterrarium oder wenigstens ein kombiniertes Freiluft-Zimmerterrarium zur Verfügung haben. Wer ein Freilandterrarium besitzt, muß zusätzlich ein Zimmerterrarium einrichten, damit bei sehr naßkalter Witterung empfindliche Tiere und solche mit Zeichen einer Erkrankung vorübergehend warm untergebracht werden können.

Nach einem kühlen und naßkalten Sommer kann die Aktivitätsperiode besonders der Jungtiere im Herbst durch Überführung in ein geräumiges Zimmerterrarium verlängert werden, wobei die Winterruhe nach ausgiebiger Darmentleerung erst Ende Dezember beginnt. Für die in den verschiedensten Klimaten lebenden Reptilien sind sehr unterschiedliche Terrarientypen erforderlich, die zum Teil mit hohem technischen Aufwand betrieben werden müssen. Für europäische Landschildkröten können wir jedoch mit einer einfachen Terrarienkonstruktion auskommen.

Das Zimmerterrarium

Bewährt haben sich offene Zimmerterrarien in Holzkonstruktion mit Glas als Vorderseite oder Terrarien in Glasklebetechnik. Einfache Tisch-

Testudo hermanni hermanni

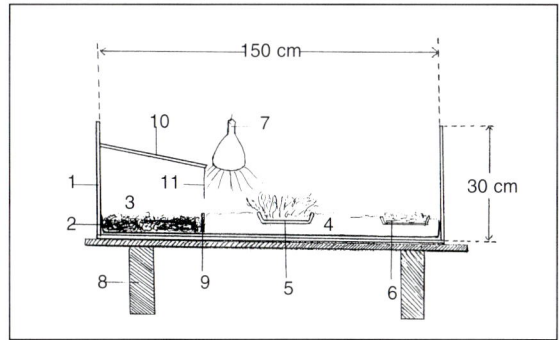

Offenes Zimmerterrarium im Längsschnitt.
1 Holzbehälter oder Glasbehälter in Klebetechnik; 2 Wasserdichte Folie im Holzterrarium; 3 Schlafstelle mit einem Gemisch aus Sand, lockere Erde und Hobelspänen; 4 Sand; 5 Schale mit im Wasser stehenden Futterpflanzen; 6 Schale mit Weißkleeplatte; 7 Licht und Wärmequelle; 8 Terrarientisch; 9 Trennwand; 10 Holzplatte als Lichtschutz; 11 Vorhang aus Kunststoff

terrarien müssen in einem zugfreien Raum mit etwa 20 °C Raumtemperatur stehen. Die Betreuung solcher Terrarien ist besonders einfach, da Pflegemaßnahmen von allen Seiten ausführbar sind. Der Boden wird mit einer wasserdichten Folie ausgelegt. Als Substrat verwendet man ein Gemisch aus grobem Sand und etwas lockerer Erde. An den Glaswänden sollte eine Sichtblende (Kunststoff oder Holzstreifen) vorhanden sein, damit die Tiere nicht ständig daran kratzen und die Scheibe verschmutzen. Unter einem Lichtschutzdach mit beweglicher, herabhängender Folie wird ein Gemisch von Walderde und grobem Sand (1:1) eingebracht, das die Tiere gern zum Einwühlen während der Nacht benutzen. Eine Trennwand zwischen beiden Substraten hat sich bewährt. In das Substrat wird eine Futterschale eingesetzt, die mit etwas Wasser gefüllt wird, um die Futterpflanzen frisch zu halten. Gleichzeitig dient die Schale als Trinkgefäß. Ein zweiter Behälter enthält eine ausgestochene Weißkleeplatte, die nach dem Abweiden ausgetauscht wird. Die Futterschale kann man mit einem Plastikring umgeben, damit die feuchten Futterpflanzen nicht mit Sand paniert werden.

Bei trockener Zimmerluft müssen die Tiere wöchentlich in warmem Wasser gebadet und zusätzlich täglich besprüht werden. Der verstellbare Wärmestrahler wird auf die Sandfläche vor dem Schutzhaus gerichtet, um die im Unterschlupf befindlichen Tiere durch steigende Temperatur und Licht zu wecken. Unter dem Wärmestrahler steigt die Temperatur auf 30 °C bis 35 °C, so daß die Tiere erst ein „Sonnenbad"

Wenige Wochen alte Jungtiere im Zimmerterrarium kurz vor deren Abgabe.

nehmen, um anschließend die Futterschale aufzusuchen.

Das oben offene Tischterrarium ermöglicht ferner einen verstellbaren UV-Strahler nach Gebrauchsanweisung einzusetzen. Bewährt hat sich der Osram Ultra Vitalux Strahler, der wegen der hohen Leistung für eine kurzfristige Bestrahlung (3 mal 5 bis 10 Minuten pro Woche) im Abstand von etwa 70 cm geeignet ist. Andere Reptilienpfleger bestrahlen täglich 15 Minuten bei einem Abstand von 20 cm. (Eine versehentliche Bestrahlung von 45 Minuten bei einem Abstand von 20 cm führte bei einem Helmbasilisken zu keinerlei Schäden.) Auf eine Bodenheizung kann man bei der Haltung europäischer Landschildkröten verzichten. Der Einsatz einer solchen Heizung ist aber bei Erkrankung der Tiere zu empfehlen, so daß man ein Heizkabel bzw. einen Heizstein (etwa Terrafauna Reptile Stone) schon vorsorglich einbauen sollte. Diese sind in mehreren Größen lieferbar.

Die Größe des Zimmerterrariums richtet sich nach der Anzahl und Größe der Tiere. Als Mindestmaß für 3 bis 5 Jungtiere (etwa 8 cm Carapaxlänge) ist eine 100 mal 60 cm große Grundfläche erforderlich, die Höhe der Seitenwände ist mit 35 cm ausreichend. Größere Terrarien erweisen sich wegen der Möglichkeit einer vielseitigen Gestaltung als vorteilhafter. Für größere Schildkröten (20 bis 30 cm Carapaxlänge) ist die Unterbringung in einem Wintergarten oder Gewächshaus mit geeignetem Substrat, Heizung und Futterstellen am günstigsten; auf die Anwendung von Pflanzenschutzmitteln ist selbstverständlich zu verzichten. Wer solche Möglichkeiten nicht hat, sollte keine großen Tiere halten.

Ideal ist ferner der Einbau einer Terrarienwand mit sechs Terrarien von 125 cm mal 70 cm mal 60 cm. Jeweils 2 Terrarien stehen nebeneinander mit einer Trennwand. Bei Entfernung dieser Wand ergeben sich 3 Terrarien mit einer Länge von jeweils 250 cm (BERNDT).

Damit ein Zimmertischterrarium auch unsere ästhetischen Bedürfnisse befriedigt, sollten im Hintergrund verschiedene Grünpflanzen stehen oder ein Epiphytenbaum darüber angebracht werden. Das Mikroklima der Offenterrarien entspricht der bei Zentralheizung oft sehr trockenen Zimmerluft, ein Nachteil, der durch Besprühen etwas ausgeglichen werden kann. Ein geeignetes Mikroklima stellt sich in geschlossenen Zimmerterrarien ein, weil nach dem Besprühen der Tiere und Pflanzen die Luftfeuchtigkeit länger konstant bleibt.

Bei relativ geräumigen Terrarien (etwa 200 mal 80 mal 130 cm, L mal B mal H) sind entweder beide Seitenwände in Glasführungsprofilen gelagert oder die Frontscheibe muß geteilt werden, um beide Scheiben zum Aufschieben ebenfalls in Profile zu lagern. Das Terrarium erhält noch einen Aufsatz als Blendschutz zur Aufnahme einer Leuchtstoffröhre mit einer dem Sonnenlicht ähnlichen Lichtverteilung mit hohem UV-Anteil (Biolux-Leuchtstoffröhren). Die bisherigen Mitteilungen zur Einrichtung gelten auch für das geschlossenen Zimmerterrarium.

Das kombinierte Freiluft-Zimmerterrarium

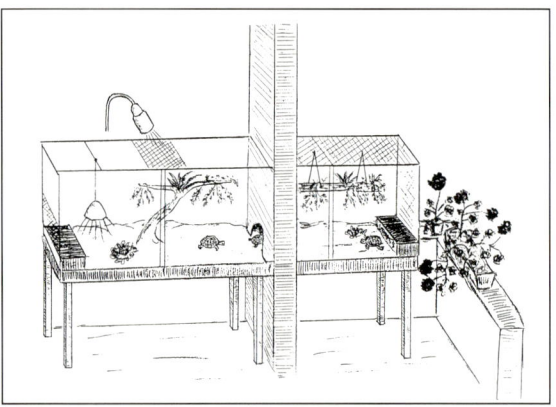

Kombiniertes Zimmer- und Balkonterrarium mit kleinem Mauerdurchbruch. (Schriftliche Genehmigung des Vermieters erforderlich). Hängender und stehender Epiphytenstamm. Zwei Futterstellen und Unterschlupf für Nachtruhe.

Reptilienfreunde, die zwar keinen Garten besitzen jedoch einen nach Süd-Ost gerichteten Balkon, können ein Zimmerterrarium mit einem Balkonterrarium kombinieren. Man verwendet zur Verbindung einen vom Hausbesitzer genehmigten kleinen Mauerdurchbruch oder ein Fenster. Die Einrichtung entspricht den bisher dargestellten Terrarientypen. Das Balkonterrarium erhält noch einen abnehmbaren Regenschutz und das Zimmerterrarium einen Aufbau mit einer Biolux-Leuchtstoffröhre.

Das Freilandterrarium

Die Unterbringung von europäischen Landschildkröten im Freilandterrarium ist für die Tiere von so großer gesundheitsfördernder Wirkung, daß der Reptilienfreund, der weder ein Freiland- noch ein Balkonterrarium zur Verfügung hat, auf die Haltung dieser Tiere verzichten sollte. Das Freilandterrarium bietet viele Vorteile. Für den Pfleger ist die Betreuung einfacher, denn es entfällt der Wechsel des Substrates, der im Zimmerterrarium aus hygienischen Gründen und zur Vermeidung von Geruchsbelästigung erforderlich ist. Wenn zwischen der Anzahl der Tiere und der Größe des Terrariums ein günstiges Verhältnis besteht, stellen sich bald günstige Haltungsbedingungen ein.

Landschildkröten in einem Zoo-Freilandterrarium

Die Tiere können in Luft und Sonne ihren beachtlichen Bewegungsdrang ausleben und die Pflanzendecke wird nicht zerstört. Der Terrarianer HEIMANN pflegt beispielsweise mit großem Erfolg 7 adulte *Testudo marginata,* 10 adulte *T. hermanni,* 6 adulte *T. graeca* und 5 *T. (A.) horsfieldi* in einem Freilandterrarium von 30 qm und erzielt jährlich sehr gute Nachzuchtergebnisse. Kleinere Anlagen haben den Nachteil, daß weibliche Tiere den aggressiv paarenden Männchen nicht ausweichen können und deshalb häufiger blutende Wunden an den Extremitäten entstehen.

Größere Anlagen (150 bis 200 qm) bieten manche Vorteile. Das betrifft nicht nur die zahlreichen Versteckmöglichkeiten für bedrängte Weibchen, sondern besonders eine natürliche

Teilansicht der Anlage für Zuchttiere

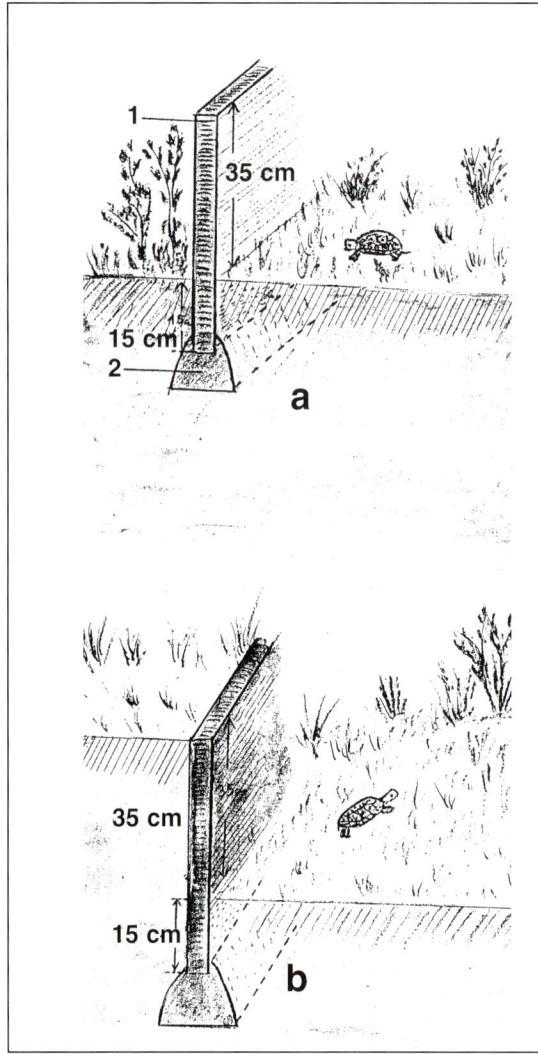

Umfriedigung der Anlage mit Gehwegplatten (1) mit Betonfundament (2)

a Die Platten überragen den Boden um 35 cm und werden außen mit Kleinsträuchern bepflanzt

b Die Platten werden 50 cm tief versenkt und in einem Bodenfundament verankert. Neben der Begrenzung wird die Oberfläche des Terrariums um etwa 35 cm tiefer verlagert

Vegetation, die als Nahrung genutzt wird. So wachsen in unserer Anlage folgende Pflanzen, die als Futterpflanzen dienen: *Hieracium pilosella* (Kleines Habichtskraut), *Senecio vernalis* (Frühlingskreuzkraut), *Rumex acetosella* (Kleiner Ampfer), *Sedum acre* (Scharfe Fetthenne), *Taraxacum officinale* (Gemeiner Löwenzahn), *Trifolium repens* (Weißklee), *Ranunculus acer* (Scharfer Hahnenfuß), *Plantago lanceolata* (Spitzwegerich) *Stellaria medica* (Vogelmiere) und *Veronica chamaedry* (Ehrenpreis). Diese Pflanzen werden von die Tieren auf ihren Wanderungen durch

Schutzhäuser mit Futterstelle

die etwa 200 qm große Anlage als Futterpflanzen aufgenommen, so daß eine vielseitige Ernährung gesichert ist. Als Schatten spendende Pflanzen wurden eingesetzt: *Pinus mugo* (Bergkiefer), *Juniperus chinensis pfitzeriana* (Chinesischer Wacholder), *Betula pendula* (Birke), *Syringa vulgaris* (Flieder), *Picea glauca 'conica'* (Zuckerhutfichte).

An heißen Tagen liegen die Tiere gern im Halbschatten von horstbildenden Gräsern. Größere Anlagen gestatten es auch, auf Beeten Futterpflanzen (Weißklee, Lupine, Sedumarten) auszusähen oder anzupflanzen, die als zusätzliche Nahrungsquelle genutzt werden. Solche Saatflächen müssen bis zur Entwicklung kräftiger Futterpflanzen innerhalb der Anlage abgegrenzt werden, damit die Tiere nicht die zarten Keimlinge zerstören.

Giftige Pflanzen dürfen nicht eingestellt oder eingepflanzt werden, z.B. *Taxus baccata* (Eibe), *Daphne mezereum* (Seidelbast), *Nerium oleander* (Oleander). Hinsichtlich der Haltung von *T.(A.) horsfieldi* sind große Anlagen von Nachteil, weil sich diese Tiere im Gegensatz zu *T. hermanni boettgeri* und *T. graeca ibera* teilweise nicht innerhalb der Schutzhäuser vergraben und dann oft nicht auffindbar sind.

Eine 1m² große Jungtieranlage für 5 bis 6 Tiere.

Große Anlagen sind ebenfalls ungeeignet zur Aufzucht von Jungtieren. Für Tiere im Alter bis zu einem Jahr benutzen wir eine 1 qm große Anlage, deren Begrenzung aus Aluminiumblech besteht, das 10 cm tief in die Erde versenkt wird. Das kleine Freilandterrarium enthält einen mit Moos gefüllten Unterschlupf, eine Futterstelle, eine kleine flache Trinkschale und in der Anlage wachsende Futterpflanzen (Weißklee und *Sedum*-Arten). Die Außenseite der Aluminiumwand wurde angeschüttet und mit *Sedum* bepflanzt.

Für Jungtiere ab 2. Lebensjahr nutzen wir eine 4 mal 2,5 m große Anlage mit einem mit Heu und Moos gefüllten Schutzhaus. Die Anlage enthält eine kleine Fläche mit Klee und Löwenzahn, zwei Futterstellen und Horste bildende Gräser, die von den Tieren zum Schutz vor der Sonne aufgesucht werden. Eingesetzte *Sedum*-Platten nutzen sie dann als Zusatzfutter. Für die Begrenzung der großen Anlage verwendete ich eine 30 cm hohe Bretterwand, die auf in die Erde eingegrabenen Ziegelsteinen als 12 cm tiefes Fundament ruhte.

Die Tiere haben niemals das nur wenig tiefe Fundament untergraben. In kleinen Anlagen von nur etwa 10 bis 15 qm würden die Tiere allerdings sehr schnell durch Grabetätigkeit die Anlage verlassen. Für kleinere Anlagen werden deshalb Fundamente von 60 cm bzw. sogar 1 m vorgeschlagen. Da Holzkonstruktionen sehr schnell erneuert werden müssen, bewährten sich Gehwegplatten in einer Größe von 50 cm mal 50 cm bei einer Stärke von 5 cm. Die Platten werden 15 cm in die Erde versenkt und durch Bandeisen gehalten. Zur besseren Befestigung können sie noch in ein Betonfundament eingelassen werden. Um die Platten harmonisch in die Gartenlandschaft einzufügen, kann außen eine Bepflanzung erfolgen. Es ist auch möglich,

Beispiel für eine überbesetzte Anlage.

Begrenzung einer Anlage mit Gehwegplatten

sie vollständig zu versenken bei gleichzeitiger Vertiefung der Erdoberfläche der Anlage in Nähe der Begrenzung.

Selbstverständlich läßt sich die Anlage auch durch eine gemauerte Wand durch Natursteinplatten, durch in Beton gelagerte Steine oder durch Holzpalisaden begrenzen. Eingegrabener Maschendraht ist abzulehnen, weil die Tiere hindurch sehen und deshalb versuchen, durch Scharren am Draht nach außen zu gelangen oder am Draht zu klettern und sich dabei mitunter verletzen.

In meiner Anlage befinden sich zwei mit Heu gefüllte Schutzhäuser (je 1,4 qm Grundfläche) für adulte Tiere (18 *T. hermanni boettgeri*, 4 *T. graeca ibera*, 8 *T. (A.) horsfieldi*). Der Eingang der Häuser ist nach Süd-Ost gerichtet. Das Substrat unter den Schutzhäusern besteht aus einer nach unten offenen Schicht eines Gemisches aus Häcksel, Heu, Laub und lockerer Erde. Die Häuser sind Unterschlupf für naßkühle Tage und dienen zugleich der Überwinterung. Viele Schildkrötenpfleger bauen eine Bodenheizung in die Häuser ein oder errichten einen heizbaren Glasvorbau mit Klappe, damit sich die Tiere an kühlen Tagen dort aufhalten können.

Solche Einrichtungen haben sich nicht bewährt, da sich die Tiere auch an schönen Tagen dort aufhalten und sogar Eier ablegen. Außerdem kommen viele Pfleger ohne Zusatzheizung und ohne Glasvorbauten aus und erreichen regelmäßig Nachzuchten. Eine sehr geeignete Schutzhauskonstruktion wird ebenfalls seit vielen Jahren verwendet. In eine Erdaufschüttung setzt man Hinter-und Seitenwände ähnlich einer Tiefgarage ein und deckt sie mit einer Platte ab. Der Eingang sollte nach Süden gerichtet sein.

WIE LEBEN EUROPÄISCHE LANDSCHILDKRÖTEN?

Die Nahrung

Beobachtet man Landschildkröten im natürlichen Lebensraum oder in einer großen Freilandanlage mit feuchter Wiese und Trockenrasen, wo viele verschiedene Futterpflanzen wachsen, dann wird die Grundregel für eine gesunde Ernährung deutlich. Unsere Pfleglinge benötigen ein abwechslungsreiches Nahrungsangebot. Auf den Wanderungen finden die Tiere verschiedene Grünpflanzen, die zuerst berochen und nach positiver Geruchsinformation mit einem Biß gekostet werden. Sagt das Futter zu, wird die Pflanze vollständig verspeist. Andernfalls bleibt es bei einer Kostprobe. Diese Vielseitigkeit im Nahrungsangebot sollte der Pfleger beachten, denn nur dadurch können die zahlreichen für die Gesundheit der Tiere notwendigen Spurenelemente aufgenommen werden. Wer Schildkröten einseitig fast nur mit Kopfsalat füttert und Vitamin-Kalzium-Präparate nicht oder nur ungenügend bietet, wird die Tiere bald durch Erkrankungen verlieren.

Sowohl im Freiland- als auch im Zimmerterrarium sollten ausgestochene Wiesenstücke mit Futterpflanzen entweder eingepflanzt (Freilandterrarien) oder in Schalen stehend (Zimmerterrarium) eingesetzt werden. Die Wiesenstücke erhalten im Zimmerterrarium regelmäßig Wassergaben, so daß die Pflanzen frisch bleiben und eine höhere Luftfeuchtigkeit entsteht. Abgeweidete Wiesenplatten werden ausgetauscht. Am besten eignet sich hierfür Weißklee mit Löwenzahn und für eine zweite Schale *Sedum*.

Folgende Pflanzen können gesammelt und angeboten werden:

Taraxacum officinale – Gemeiner Löwenzahn
Trifolium repens – Weißklee
Trifolium pratense – Wiesenklee, besonders Jungpflanzen
Hieracium pilosella – Kleines Habichtskraut

Nach der Eiablage wird der Bruthügel mit außerhalb der Anlage angebauten *Sedum*-Arten bedeckt.

Herbstlöwenzahn (*Leontodon autumnalis*), gefressen werden auch Blätter und Blüten verwandter Arten

Sedum spectabile (hinten) ist eine beliebte Futterpflanze. Nicht so beliebt ist dagegen S*edum telephium* (einzelner Blütenstand vorne).

Zarter Mauerlattich (*Mycelis muralis*); gefressen werden Blätter und Blüten.

Scharfer Mauerpfeffer (*Sedum acre*), dahinter *Sedum album* Hybr.

Gemeines Ferkelkraut (*Hypochoeris radicata*); gefressen werden Blätter und Blüten

Stachellattich *Lactuca serriola* vorn; dahinter sieht man Raps *Brassica napus*.

Futterstelle vor dem Schutzhaus

Sedum acre – Scharfer Mauerpfeffer
Tussilago farfara – Huflattichblüten
Arnoseris minima – Lämmersalat
Medicago sativa – Luzerne (ansäen)
Rumex acetosella – Kleiner Ampfer
Rumex acetosa – Sauerampfer
Ranunculus acer – Scharfer Hahnenfuß
Leontodon autumnalis – Herbstlöwenzahn
Veronica chamaedrys – Gemander Ehrenpreis
Mycelis muralis – Mauerlattich
Brassica napus – Raps (ansäen)
Achilea millifolium – Schafgarbe
Plantago lanceolata – Spitzwegerich
Plantago major – Breitwegerich
Stellaria media – Vogelmiere
Vicia cracca – Vogelwicke

Das Maximum der Körpergewichtszunahme wurde für die Monate Mai bis Anfang Juli ermittelt. Deshalb muß besondes in dieser Zeit ein optimales Nahrungsangebot einschließlich Wildpflanzen realisiert werden. Die Futterpflanzen stehen in mit Wasser gefüllten Schalen, so daß immer frische Nahrung angeboten wird. Allerdings fressen *T.(A.) horsfieldi* und nordafrikanische Arten (z.B. *T. graeca terrestris*) auch vertrocknete Futterpflanzen. In den Heimatländern der letztgenannten Arten verdörrt die

Vegetation während der heißen Jahreszeit, so daß die Tiere zunächst vertrocknete Pflanzen fressen und sich bald zu einer Sommerruhe eingraben. Durch den Anschluß der Winterruhe beträgt bei *T. (A.) horsfieldi* die Gesamtruheperiode 8 – 9 Monate, und die Tiere nehmen nur von Ende der Winterruhe (Ende März) bis zu Beginn der Trockenperiode (Ende Juni) Grünpflanzen auf. In dieser Mastzeit setzen die Tiere 8 bis 20 g Fett an. Bei *T. graeca terrestris*, die in Nordafrika ebenfalls während der heißen Jahreszeit eine Ruheperiode einlegt, wird die Sommertrockenperiode im Oktober/November mit Beginn der Niederschläge beendet. Die Tiere nehmen dann wieder Futterpflanzen auf und ernähren sich auch in Plantagen und Weingärten von Fallobst.

Im Vergleich zu den klimatischen Bedingungen der Ursprungsbiotope ist die warme Jahreszeit bei uns kürzer und weniger warm. Um den Tieren trotzdem zu ermöglichen, die nötigen Reserven für die Winterruhe auszubilden, muß der Pfleger zusätzlich abwechslungsreiche Nahrung anbieten. Hierzu gehören Salat, Raps, Chicorée, Blumenkohl- und Kohlrabiblätter, Bohnenblätter, Rapunzel, *Sedum*-Arten, besonders *Sedum spectabile*, Erdbeeren, Süßkirschen,

Tomaten, Stachelbeeren, Melone, Äpfel (bes. Klarapfel) Möhren geraspelt, Reis und Kartoffeln gekocht und ohne Salz.

Ich gebe ferner eingeweichtes Weißbrot mit vorher eingerührtem Hühnerrei. Dieses Futter wird mit Kalk-Vitaminpräparaten (etwa Reptovit, Reptical oder Reptolife) und zerstoßenen Eierschalen überstreut. Selten füttere ich Schabefleisch oder Herzmuskel-Streifen, mit Kalk-Vitaminpräparaten überstreut. Manche Pfleger bieten den Schildkröten auch Speisequark, mit Garnelenschrot vermischt, an und stellen daraus „mundgerechte" Portionen her, die mit geriebener Semmel paniert werden.

Bei Landschildkröten sind Katzenfuttermittel besonders beliebt, die in Wasser aufgeweicht angeboten werden. Man sollte Fertignahrung für Katzen bevorzugen, die Getreide und Fisch enthält. Wegen des hohen Eiweiß- und Fettanteils dieser Fertignahrung muß jedoch auf ein reichliches tägliches Angebot verzichtet werden, da die Gefahr der Entwicklung einer Fettleber besteht. Die Spezialfuttermittel für Schildkröten, wie etwa ReptoMin, sind besonders beliebt, enthalten nur geringe Fettanteile und erweisen sich deshalb als geeigneter. Sie können ohne Bedenken gefüttert werden, jedoch sollte Grünfutter immer Hauptbestandteil der Nahrung bleiben.

Wer Tiere in einem Freilandterrarium beobachtet, wird bald feststellen, daß Landschildkröten gelegentlich auch Regenwürmer, Käferlarven, Schnecken und Tierexkremente als Nahrung dienen. Ferner werden Steine, Sand oder Erde als Balast zur Förderung der Darmtätigkeit aufgenommen. Als Wintervorrat sollte Raps rechtzeitig im Garten oder in Balkonkästen kultiviert werden, da diese Pflanzen sehr gern gefressen werden und bis -10 °C Frost vertragen. Außerdem findet man im Winter unter Schnee Vogelmiere und *Sedum*-Arten.

Die hier erwähnten Futterpflanzen, Früchte und Futtermischungen werden nicht von allen Tieren aufgenommen. Es gibt vielmehr erhebliche individuelle Unterschiede. Sogar die so begehrten Erdbeeren werden von einzelnen Tieren abgelehnt. Das gilt auch für Fleisch und Fisch. Der Wasserbedarf von Schildkröten wird durch die pflanzliche Kost gedeckt, doch sollte im Terrarium eine flache Wasserschale zur Verfügung stehen, da manche Tiere gelegentlich und insbesondere nach der Winterruhe trinken.

Bei guter Fütterung wachsen die jungen *Testudo hermanni boettgeri* rasch. Alter: 14 Tage, 2,5 und 28 Jahre.

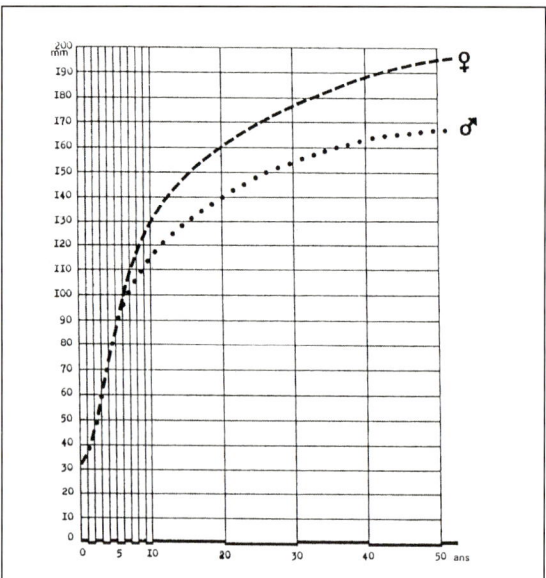

Körpergröße in Abhängigkeit von Alter und Geschlecht von *Testudo hermanni hermanni*. Aus DEVAUX 1988.

Das Wachstum

Wer Schildkröten in seine Obhut nimmt, sollte die Tiere genau beobachten, um aus festgestellten Veränderungen Rückschlüsse auf den Gesundheitszustand der Tiere zu ziehen. Abgesehen von bestimmten Krankheitssymptomen spielen hierfür Körpergewicht, Körpergröße und Körperform eine wesentliche Rolle. Deshalb müssen Körpergewicht und Körpergröße besonders bei Jungtieren regelmäßig ermittelt werden. Man bestimmt Länge, Breite und Höhe des Carapax mit der Schublehre sowie das Körpergewicht unmittelbar nach der Winterruhe, Anfang Juli und vor der Überwinterung. Bei Tieren mit Verdacht auf eine Erkrankung muß eine monatliche Kontrolle erfolgen. Mit Ausnahme einer Gewichtsabnahme bei besonders paarungsaktiven Männchen und bei Weibchen unmittelbar nach der Eiablage ist ein Gewichtsverlust bis Ende Juni immer ein Zeichen für eine Erkrankung. Solche Tiere benötigen eine individuelle Betreuung. (Kontrolle der Nahrungsaufnahme).

Im August und September können allerdings auch bei gesunden Tieren geringe Gewichtsverluste auftreten. Bei 13 adulten *T. hermanni* ermittelte ich während der Kaltüberwinterung einen Gewichtsverlust von 5,2 % im Vergleich zum Gewicht am 1. Oktober.

Bei im Terrarium aufgezogenen Jungtieren mit einer verkürzten Winterruhe (1 bis 3 Monate) kommt es zu einem Gewichtsverlust von im Mittel 17,5 % im Vergleich zum Gewicht am 1. Oktober. Deshalb wird eine Winterruhe von 4 bis 6 Monaten empfohlen.

Die Gewichtszunahme bei adulten Importen beträgt 15 bis 23 % vom Gewicht zu Beginn der Wachperiode. Bei in Menschenobhut aufgezogenen Jungtieren mit einem Gewicht zwischen 36 g und 495 g beträgt die Gewichtszunahme während der aktiven Periode 130 % vom Anfangsgewicht nach der Winterruhe. Dieses Ergebnis zeigt, daß die Wachstumsgeschwindigkeit bis zur Geschlechtsreife am größten ist und danach allmählich abnimmt. Durch feldherpetologische Untersuchungen ist bekannt, daß die Wachstumsgeschwindigkeit bei Wildtieren in den ersten Lebensjahren geringer ist als bei im Terrarium lebenden Tieren.

Bei gesunden Jungtieren und geschlechtsreifen *T. hermanni boettgeri* und *T. (A.) horsfieldi* liegen die Maxima der Gewichtszunahme in der Zeit von Ende der Winterruhe bis Ende Juni. Allerdings ist die Wachstumsgeschwindigkeit individuell sehr unterschiedlich. So betrug das Körpergewicht bei zwei in Menschenobhut geschlüpften weiblichen *T. hermanni boettgeri* im Alter von 12 Jahren 1290 g und 325 g.

Die Kontrolle der Wachstumsvorgänge ist auch rein optisch möglich, indem bei gut wachsenden Tieren zwischen Marginalia und Lateralia und in der Umgrenzung der Zentralia und Lateralia helle Wachstumsstreifen sichtbar sind. Diese erscheinen bei jungen schnell wachsenden Schildkröten besonders breit, aber selbst bei Tieren über 2000 g sind sie meist noch als feine Wachstumsstreifen sichtbar.

***T. (A.) horsfieldi* mit 14 Tage alten Jungtieren.**

Testudo marginata - **trotz des starken Wachstums keine Höckerbildung**

Formveränderungen des Carapax als Folge des Wachstums sind besonders bei *T. marginata* und auch bei *T. graeca ibera* zu erkennen. Bei älteren Tieren von *T. marginata* kommt es zur Aufrichtung und Verbreiterung des hinteren Carapaxrandes, mit dem Nackenteil eines Feuerwehrhelms vergleichbar. Angedeutet sind diese Veränderungen auch bei *T. graeca ibera*.

Ein weiterer Hinweis auf das Wachstum der Tiere sind die konzentrischen Wachstumsringe, die sich um die Areolen der Schilder von Carapax und Plastron bilden. Eine sichere Altersbestimmung der Tiere nach Anzahl der Wachstumsringe ist allerdings nicht möglich, weil nicht selten in einem Jahr witterungsbedingt mehrere Wachstumsschübe und damit auch mehrere Ringe entstehen. Ferner sind Häutungsvorgänge an Hals und Extremitäten ein Hinweis auf das Wachstum der Tiere. Schildkröten wachsen zeitlebens. Dafür spricht, daß sogar bei einer *T. graeca* im Alter von 39 Jahren noch eine Zunahme von Panzerlänge und

Landschildkrötenjungtiere benötigen viel Wärme.

Gewicht nachweisbar war. Das Tier hatte eine Carapaxlänge von 36,5cm und ein Gewicht von 4 kg.

So verbringen sie den Tag

Bei wechselwarmen Tieren, zu denen die Schildkröten gehören, ist die eigene Wärmeproduktion durch Stoffwechseltätigkeit sehr gering. Deshalb sind die Tiere auf Zufuhr von Wärme aus der Umwelt angewiesen, so daß mit einer Änderung der Außentemperatur auch die Körpertemperatur variiert. Diese bestimmt wiederum die Aktivität der Tiere, und so wird verständlich, inwiefern das Verhalten der Tiere mit der Änderung der Tagestemperatur durch unterschiedliche Sonneneinstrahlung korreliert. Das tagesrhythmisch begründete Verhalten der

Testudo hermanni boettgeri **gähnend im Halbschatten einer selbstgegrabenen Höhle**

Tiere ist demnach von der Wärmezufuhr abhängig. So suchen Landschildkröten Schutz vor Wärmeabgabe in kühlen Nächten im Heu der Schutzhäuser oder in selbst gegrabenen Höhlen. Wenn die Morgensonne das Heu der Schutzhäuser oder die Höhlen erwärmt, dann kommen die Tiere langsam hervor, um Wärme aufzunehmen. Sie stellen sich auf dem Heu der Schutzhäuser oder an Grasbüschen möglichst senkrecht, damit die Sonnenstrahlen nahezu im rechten Winkel auftreffen. Dabei werden die Beine zur Wärmeaufnahme weit aus dem Panzer gestreckt.

An warmen Sommertagen beginnt das Sonnenbad bereits etwa um 7 Uhr. Mit steigender Sonne und mit zunehmender Körpertemperatur wandern die Tiere durch die Anlage, um Nahrung aufzunehmen. Auch Paarungen sind

Rivalisierende *Testudo hermanni hermanni*

zu beobachten. An besonders heißen Tagen wird die erste Aktivitätsperiode schon vor der Mittagszeit beendet. Die Tiere suchen schattige Stellen unter Grasbüschen oder Sträuchern auf oder verschwinden im Heu der Schutzhäuser bzw. in den selbst gegrabenen Höhlen. Je nach Tagestemperatur wird die Ruhezeit gegen 15 Uhr beendet. Die zweite Aktivitätsperiode ist durch Wanderungen mit ausgiebiger Nahrungsaufnahme oder durch Paarungsverhalten gekennzeichnet. An sehr warmen Sommertagen sind einzelne Tiere noch bis 20 Uhr aktiv. Es gibt demnach individuelle Abweichungen in der Dauer der Aktivitätsperioden, jedoch zeigen männliche Tiere stets längere Aktivität.

Auch in südeuropäischen Ländern sind die Tiere von circa 8 - 10 Uhr und von 17 - 19 Uhr aktiv. Im heißen nordafrikanischen Klima verschiebt sich der Beginn der zweiten Aktivitätsperiode auf etwa 18 Uhr. In Nord-Westafrika und in der Westtürkei sind die Tiere bei einer Lufttemperatur zwischen 18 °C und 28 °C aktiv.

So orientieren sie sich

Bei Reptilien spielt das Endhirn als Steuerzentrale eine wesentlich größere Rolle als bei Amphibien. Von allen Sinnesorganen werden bei Reptilien Informationen über bestimmte Nervenbahnen zum Endhirn geleitet. So verlaufen vom Geruchsorgan Informationen über gut entwickelte Nervenbahnen zum Endhirn. Diesem Sinnesorgan kommt eine große Bedeutung bei der Orientierung zu. Aber auch von den Augen erreichen das Endhirn zahlreiche Informationen, die für die Orientierung eine nicht unbedeutende Rolle spielen. So kommen Tiere in meiner Anlage bei Bewegungen der Hand mit einer roten Tomate auf Entfernungen von 5 - 8 m an den Rand der Anlage, um die Frucht zu erlangen.

Sowohl aus feldherpetologischen Untersuchungen in den Heimatländern als auch durch Betrachtungen in großen Freianlagen ist eine beachtliche Ortstreue nachgewiesen. Eine über viele Wochen festgestellte Ortstreue beim Auffinden der gleichen Übernachtungsstelle ist ohne ein gut entwickeltes Orientierungsvermögen nicht möglich. In meiner Anlage benutzen viele Tiere die gleichen Wege, um zum Übernachtungsplatz zu gelangen. Vermutlich orientieren sie sich durch spezifische, von der Vegetation ausgehende Geruchsstoffe und durch optische Eindrücke. So konnte wiederholt beobachtet werden, daß Schildkröten zielstrebig zu Früchten wanderten, die durch Grasbüsche verdeckt waren. Um die Rolle des Geruchsorgans zu prüfen wurden zwei gleichgroße von Verbandmull umgebene Päckchen hergestellt. Das eine Päckchen enthielt eingeweichten Zwieback mit Rohei, das andere nur feuchten Zellstoff. Nach kurzem Geruchstest wurden die Zellstoffpäckchen nicht beachtet. Bei experimenteller Ausschaltung des Geruchsorgans kommt es zu einer starken Einschränkung des Orientierungsvemögens.

Um den Tieren den Zugang zu einer feuchten Wiese mit reichlich Futterpflanzen zu verschaffen, vergrößerte ich meine Anlage. Von 14 adulten Tieren wanderten nur 9 Tiere lediglich 1 – 2 m in das neue freie Gebiet, um dann

Küstensandspuren von *Testudo graeca ibera*

umzukehren und zielstrebig zum Schutzhaus zurückzukehren. Die Ortstreue war offensichtlich stärker als der Reiz, Neuland zu entdecken. Auch feldherpetologische Untersuchungen an Populationen von *T. hermanni hermanni* in Italien (Chelazzi und Delfino) zeigten jene eingeschränkte Verbreitungstendenz der Tiere. Selbst bei Verlängerung der Beobachtungzeit wurde der gewohnte Lebensraum nicht verlassen. Die Tiere wählten in aufeinanderfolgenden Jahren die gleichen Gebiete.

***Testudo marginata* im natürlichen Lebensraum**

DIE ZUCHT

Wie bereits erwähnt, unterliegen alle hier behandelten Arten den Bestimmungen zu Anhang II des Washingtoner Artenschutz-Übereinkommens und der Anlage 2 der Bundesartenschutzverordnung, wonach die europäischen Landschildkröten den „zusätzlich vom Aussterben bedrohten Arten" zugeordnet werden. Die Gründe, die zu diesen Maßnahmen geführt haben, sind in erster Linie auf fortschreitende naturfeindliche Aktivitäten des Menschen zurückzuführen, worauf in einem späteren Kapitel näher eingegangen wird. Als Konsequenz ergibt sich die dringliche Forderung nach Verstärkung des Biotopschutzes, um die noch vorhandenen Lebensräume vom Aussterben bedrohter Tiere zu erhalten.

Der Titel dieses Kapitels weist auf eine weitere wichtige Aufgabe des Artenschutzes hin, die durch die Fortschritte der Terraristik erfüllt werden kann und die für alle bedrohten Tierarten gültig ist: die Zucht bedrohter Arten einschließlich der Rückführung der gezüchteten Tiere

möglichst in Schutzgebiete zur Stützung geschwächter Populationen. Während noch vor wenigen Jahren der Reptilienfreund in einer Sammlung seltener Arten seine Befriedigung fand, hat sich seit Bekanntwerden der katastophalen Zerstörung der Lebensräume zahlreicher Arten ein Gesinnungwandel vollzogen, und die Zucht von Terrarientieren ist zum Hauptanliegen geworden.

Da man unter Zucht von Tieren und Pflanzen eine vom Menschen verursachte und für Menschen nützliche, für Tiere aber mitunter ungünstige Veränderung des Erbgutes versteht, kennzeichnet dieser Begriff nicht die Zielstellung unseres Anliegens. Wir wollen Tiere **nicht** verändern, sondern in Übereinstimmung mit den Merkmalen natürlicher Populationen im Wildtyp erhalten. Nicht Veränderung sondern Erhaltung ist unser Anliegen! Der Ehrenpräsident des Bundesverbandes für fachgerechten Natur- und Artenschutz e.V., Prof. Dr. H.-G. HORN, hat in diesem Zusammenhang auf den

Jungtiere von *Testudo hermanni boettgeri*, *Testudo graeca ibera* und einigen *Testudo (A.) horsfieldi* im Vergleich mit einem erwachsenen Exemplar von *Testudo graeca ibera*

Testudo hermanni boettgeri **bei der Paarung; großes Tier ♀ kleines Tier ♂**

Begriff Erhaltungszucht aufmerksam gemacht, der von dem leider so früh verstorbenen stellvertretenden Direktor des Tierparks Berlin PET-ZOLD definiert wurde als „die Selbstreproduktion von Tierparkpopulationen, die in der angestrebten ersten Konsequenz eine weitere Entnahme von Individuen aus freier Wildbahn überflüssig macht und in zweiter und letzter Konsequenz dazu führen soll, verschwindende oder verschwundene Freilandbestände in dem ehemaligen Areal zu restituieren." Der Begriff 'Zucht' soll im Sinne dieser Definition benutzt werden, das heißt als Selbstreproduktion von Tieren in Gefangenschaft, mit dem Ziel der Erhaltung von Phaeno- und Genotypus der Wildpopulation.

Im Hinblick auf die meist geringe Zahl von Tieren der bestehenden Zuchtgruppen und wegen der sehr langen Generationsfolge dürfte bei Schildkröten die oft geäußerte Inzuchtproblematik praktisch keine Rolle spielen. Die Geschlechtsreife mit Ablage befruchteter Eier wurde in unserer Anlage erst bei Tieren im Alter von 14 Jahren registriert. Deshalb ist zu konstatieren, daß die Inzuchtproblematik bei der Zucht von Landschildkröten keineswegs dazu führt, die Arbeitshypothese „Arterhaltung

durch Zucht" aufgeben zu müssen. Liebhaberzüchter tragen mit großem Engagement dazu bei, vivaristisch interessante Teile unserer Tierwelt zu erhalten. Wenn man bedenkt, daß Landschildkröten in großen Mengen u.a. aus Mazedonien importiert wurden, aber Berichte über deren systematische Zucht bis Mitte des 19. Jahrhunderts fehlen, dann wird die Rolle der Hobbyisten sehr deutlich.

Die Paarung

Die Paarung der hier beschriebenen Arten beginnt wenige Tage nach der Winterruhe bei zunehmender Lichtintensität und Wärme. Sie findet in der Freilandanlage noch an warmen Spätsommertagen statt. Zuerst kann man das Verhalten der Vierzehenschildkröte bei der Paarung beobachten. Die Männchen dieser Art verfolgen ihre Weibchen unablässig. Für *T. (A.) horsfieldi* ist nachgewiesen, daß die Tiere aus der Kloake Duftstoffe abgeben, die für die Auffindung der Geschlechtspartner auf Wanderungen nützlich sind. Bei direkter Begegnung der Tiere wird zusätzlich ein optischer Eindruck vermittelt, wobei das Erkennen der eigenen Art und

Testudo graeca ibera bei der Paarung. Im Mund des Männchens befindet sich ein Grashalm, den es beim Beißen in die Beine des Weibchens versehentlich aufgenommen hat.

der Geschlechter über den Geruchssinn erfolgt. Danach beginnen die Männchen mit vertikalen Kopfwackelbewegungen, die an eine Spielzeugschildkröte mit einem am Faden hängenden Kopf erinnern. Die Männchen versuchen in Beine und Kopf zu beißen, und nicht paarungsbereite Weibchen drehen den Körper um die vertikale Achse, um aufdringliche Männchen abzuschütteln. Bei jeder Gelegenheit versuchen die Männchen aufzureiten. Entweder dulden die Weibchen eine Paarung oder sie drehen sich erneut um die vertikale Achse. Mitunter versuchen sie auch eilig davonzulaufen. Je passiver sich die Weibchen verhalten, desto schneller kommt es zur Paarung, wobei sich die Männchen fast senkrecht stehend mit dem Schwanz und den Beinen am Panzer festklammern und im Rhythmus der Paarungsstöße fiepende Töne von sich geben. Ausgelöst durch Bisse in Beine und Kopf ziehen die Weibchen ihre Körperteile maximal in den Panzer ein, wodurch die Kloake zur Erleichterung der Paarung nach außen gedrängt wird. Diesen Augenblick benutzen die Männchen, um aufzureiten. Gelingt das nicht,

so beginnt das Ritual erneut.

Bei *T. hermanni* verläuft die Paarung ähnlich. Die Männchen beißen zwar ebenso in Kopf und Beine, doch fehlen die senkrechten Kopfwackelbewegungen. Die fiependen Laute bei der Paarung sind bei *T. hermanni* jedoch stärker. Auch bei dieser Art kann man das Paarungsverhalten an warmen Tagen bis zum Herbst beobachten.

Bei *T. graeca ibera* sind die Paarungsaktivitäten der großen Männchen ausgeprägter als bei *T. hermanni*. Die Rammstöße werden mit größerer Wucht ausgeführt. Während es den Weibchen von *T. (A.) horsfieldi* und *T. hermanni* leichter gelingt, die aufdringlichen Männchen abzuschütteln, machen die großen Männchen (etwa 2000 g) von *T. graeca ibera* bei der Paarung den Eindruck, als seien sie auf den Panzer der Weibchen regelrecht aufgeschnallt. Dadurch gelingt es den Weibchen nur sehr selten, die kräftigen Männchen abzuschütteln. Wie bei allen anderen Arten werden bei der Paarung der Mund weit aufgerissen und im Rhythmus der Paarungsbewegungen fiepende Laute ausgestoßen.

Wenn man die männlichen Exemplare über viele Jahre hinweg beobachtet, kann man artspezifische und wahrscheinlich auch individuelle Unterschiede in der Qualität und Intensität der Laute feststellen. Die Tiere lassen sich auch dann individuell bestimmen, wenn man sie nicht sieht. Bei *T. marginata* läuft das Paarungsritual sehr ähnlich ab, jedoch werden seltener Rammstöße ausgeführt. Die bei der Paarung abgegebenen Töne sind tiefer, langanhaltender und die Zeitabstände größer. Die größte Paarungsaktivität findet im Mai/Juni und im September statt.

Hinsichtlich des Verhältnisses der Geschlechter im Freilandterrarium sollten die Weibchen überwiegen, damit diese nicht pausenlos bedrängt werden. In kleinen Terrarien kommt es bei einer Überzahl der Männchen nicht selten zu Wunden an Beinen, oder es werden durch Rammstöße der Männchen Hornplatten des Panzers beschädigt oder abgestoßen. Die meisten Berichte über das Verhältnis der Geschlechter in den natürlichen Habitaten geben allerdings ein Überwiegen der Anzahl der Männchen an. *T. graeca ibera* 2 : 1, bis zu 4 : 1. *T. graeca graeca* 1,5 : 1 *T. hermanni* 3 : 1. Mit dieser Verteilung ist dafür gesorgt, daß der größte Teil der Weibchen befruchtet wird.

Wegen der reichlich vorhandenen Fluchtmöglichkeit entstehen kaum Verletzungen. Deshalb sind große Freianlagen vorteilhaft, weil die Schildkröten auch hier voreinander ausweichen können.

Bei allen Arten lassen sich Einschüchterungskämpfe feststellen. Dabei heben die Tiere den Panzer, ziehen den Kopf ein und benutzen den Panzer als Rammbock. Wenn unter den Männchen einer Art ein Tier besonders groß und kräftig ist, stellt sich bald eine Rangordnung ein, die dazu führt, daß meist das stärkste Tier die Paarung vollzieht.

Die Eiablage

Die Eiablage wird durch mehrere Tage lang anhaltende hohe Durchschnittstemperaturen ausgelöst. Bei ungewöhnlich feuchtkühlen Wetterperioden kommt es zur Verzögerung der Eiablage und es können sich dicke Eischalen bilden. In einem Beobachtungszeitraum von 40 Jahren haben selbst längere feuchtkühle Perioden nicht zu Erkrankungen geführt. Auch Legenot konnte nicht festgestellt werden.

An warmen Sommertagen nehmen trächtige Weibchen einige Tage vor der Eiablage weniger Nahrung zu sich und wandern unruhig durch die Anlage, mitunter auch abends, wenn die anderen Tiere bereits die Schutzhäuser aufgesucht haben. Die Tiere bevorzugen zur Eiablage wenig bewachsene, sandige nach Süd-Ost gerichtete Hügel, die so angelegt sind, daß sie ganztägig von der Sonne beschienen werden. Die meisten Tiere legen in den Vomittagsstunden ab. Zunächst testen sie die Ablagestelle auf Eignung, indem die Erde berochen oder mit den Vorderextremitäten etwas zur Seite gescharrt wird. Ist eine geeignete Stelle gefunden, heben sie eine 7 – 8 cm tiefe und etwa ebenso breite Grube aus. Bei der ersten Eiablage, die im Alter von 12 bis 14 Jahren erfolgt, sind die Gruben kleiner und die Anzahl der Eier sowie die Eigröße geringer. Die Eiablage dauert etwa 30 bis 60 Minuten. Jedes einzelne Ei wird mit den Hinterbeinen betastet und so gelagert, daß weitere Eier Platz haben.

Gleichzeitige Eiablage von zwei *Testudo hermanni boettgeri*

Testudo hermanni boettgeri benutzt einen wenig bewachsenen Hügel zur Eiablage.

Durch Einziehen des Kopfes einer *Testudo graeca ibera* kommt es zu einer Drucksteigerung innerhalb des Panzers, so daß der Austritt des Eies aus der Kloake unterstützt wird. Die Verbreiterung des Carapax durch Stellung und Größe der Marginalschilder erinnert an *Testudo marginata*.

Wenn der größte Widerstand beim Durchtritt des Eies durch die Kloake überwunden ist, wird bei *T. (A.) horsfieldi* der Kopf wieder herausgestreckt und die Muskulatur der Beine entspannt sich.

Die Größe der Eier beträgt bei *T. hermanni boettgeri* 33,0 und 26,5 mm, das Gewicht 12,9 g. Bei *T. (A) horsfieldi* wurden im Mittel 43,3 mm mal 26,4 mm ermittelt, bei einem Gewicht von 18,1 g bzw. 23 bis 25 g (HEMPEL) bzw. 17 bis 19 g (GIEBNER). Die Mittelwerte der Eier von *T. marginata* betragen 33,5 mm mal 31,7 mm, das Gewicht 18,5 g (HEIMANN). Der größte Längsdurchmesser der Eier existiert bei *T. (A.) horsfieldi*, so daß diese Eier eine ausgesprochen längsovale Form aufweisen. Wesentlich geringer ist die ovale Eiform bei *T. hermanni boettgeri* ausgeprägt und bei *T. graeca ibera* nur noch angedeutet. Bei *T. marginata* sind die Eier fast kugelförmig. Allerdings ist die Variationsbreite besonders bei *T. hermanni boettgeri* erheblich, so daß es Übergangsformen gibt. Bei *T. hermanni boettgeri* bestehen die Gelege im Mittel aus 5 bis 8 Eiern (bisheriges Maximum 14 Eier). Bei mir aufgezogene Tiere legten erstmalig im Alter von 12 Jahren 2 bis 3 Eier. Die Gelege von *T. (A) horsfieldi* enthielten in unserer Anlage 3 bis 5 Eier (maximal 7 Eier), nach Feldbeobachtungen bis 12 Eier (PETERS). Bei *T. marginata* enthalten die Gelege 5 – 15 Eier.

Wie die Tabelle zeigt, wurden durch meine *T. hermanni boettgeri* im Mittel etwa 13 Eier abgelegt. Da von *T. graeca ibera* nur 2 Tiere zur Verfügung standen, ist dieses Ergebnis nicht repräsentativ. Der sehr niedrige Wert von nur 1.8 Eiern pro Tier und Jahr bei *T. (A.) horsfieldi* könnte mit der Besonderheit dieser Art zusammenhängen, die Eier getarnt abzulegen. So beobachtete ich zufällig eine Eiablage unter einem *Juniperus communis* oder in einer Kleewiese. Solche Gelege übersieht man in einer großen Anlage. Von allen anderen Arten wurde niemals eine Eiablage außerhalb des vorbereiteten Hügels registriert.

Bei *T. hermanni boettgeri* und *T. graeca ibera* konnten von 9 Tieren in 9 Jahren 29 Zweitgelege und 7 Drittgelege registriert werden. Die *T. (A.) horsfieldi* produzieren in unserer Anlage keine Zweit- oder Drittgelege. Allerdings sollen nach feldherpetologischen Beobachtungen auch bei dieser Art Zweit- und Drittgelege vorkommen. Bei *T. marginata* sind Zweitgelege die Regel. Auch bei *T. kleinmanni* wurden 2 bis 3 Gelege im Abstand von 20 bis 30 Tagen registriert. Ebenso konnten bei *T. graeca graeca* in Spanien 2 bis 3 Gelege pro Jahr nachgewiesen werden.

In unserer Anlage fand die früheste Eiablage am 22. April und die späteste am 24 Juli statt.

Species	Anzahl der Tiere	Anzahl der Eier aller Tiere	Mittelwert der Anzahl der Eier pro Tier und Jahr
T.hermanni boettgeri	7	828	13.1
T.graeca ibera	2	90	5.0
T.(A.) horsfieldi	4	66	1.8

Anzahl der in neun Jahren abgelegten Eier.

Von ersten Eiablagen in 18 Jahren stammten 12 Ablagen vom gleichen Tier. Hinsichtlich des Zeitpunktes der Ablage gibt es demnach individuelle Unterschiede. Nach der Eiablage wird die Grube unter Heranscharren der herausgehobenen Erde wieder geschlossen.

Unter den klimatischen Bedingungen in Deutschland schlüpfen aus den im Freiland abgelegten Eiern keine Jungtiere. Deshalb müssen alle Eier zur Überführung in einen Brutbehälter ausgegraben werden. Die Ablagestelle auf einem wenig bewachsenen Hügel ist meist durch Unregelmäßigkeiten der Bodenstruktur erkennbar, so daß die Erde vorsichtig abgetragen werden kann. Man entfernt die Eier mit einem Löffel aus der Grube, markiert diese, legt sie, ohne zu drehen, in eine Schale und bedeckt sie zum Transport mit Sand. Im Brutapparat positioniert man sie ebenso. Eine direkte Sonnenbestrahlung auf die Eier ist zu vermeiden. Schwierigkeiten beim Auffinden der Ablagestelle können entstehen, wenn man erst mehrere Stunden oder Tage nach der Eiablage Gelegenheit hat, die Eier auszugraben. Zur Erleichterung des Auffindens der Ablagestelle besprühe ich die sandigen Hügel an heißen Tagen, so daß der Sand an der Oberfläche schnell trocknet und hell ist, während der ausgehobene feuchte und dunkle Sand an der Ablagestelle sich deutlich von der Umgebung abhebt. Man kann auch die vorgesehene Ablagestelle mit hellem Kies bestreuen, so daß auch dadurch ein Auffinden erleichtert wird.

Das Ausbrüten der Schildkröteneier

Über Eiablagen von Schildkröten wurde schon vor Jahrzehnten berichtet, allerdings mit der Bemerkung, daß es sehr schwer sei, die Eier zur Entwicklung zu bringen. Inzwischen existieren

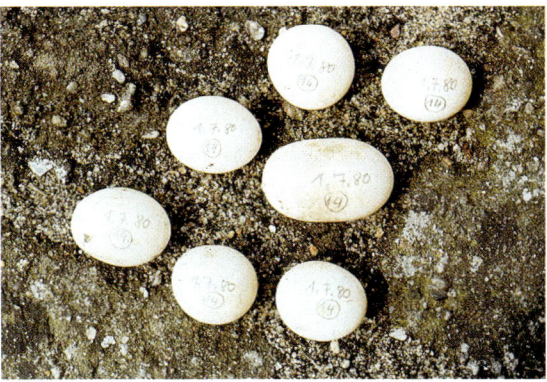

Gelege von einer *Testudo hermanni boettgeri* bestehend aus 7 Eiern, darunter ein Zwillingsei.

Eier von *T. (A.) horsfieldi* sind größer und ovaler (oben) als von *T. hermanni boettgeri* (unten).

Vollbesetzter Brutapparat mit abgenommener Deckplatte; zwei Jungtiere schlüpfen gerade.

zahlreiche Berichte über verschiedene Methoden zur Zeitigung der Eier. Diese müssen jedoch als Voraussetzung für eine erfolgreiche Zeitigung zwei Bedingungen erfüllen: Temperaturen zwischen 28 °C und 33 °C und eine Luftfeuchtigkeit zwischen 70 und 100 %. Der Handel bietet fertige Brutapparate an, die mit Erfolg betrieben werden, wenn die genannten Bedingungen erfüllt sind. (Kunstglucke der Firma Jäger in verschiedenen Ausführungen, Thermostatschränke für histologische Technik). Eine Wasserschale sollte hineingestellt werden, damit die Luftfeuchtigkeit mindestens 70 % erreicht. Die meisten Schildkrötenzüchter bevorzugen allerdings Brutapparate im Eigenbau. Ein einfacher Brutapparat besteht aus einer mit Sand gefüllten Schale nebst Heizplatte. Auf zwei Kanthölzer wird ein Aquarium oder Kunststoffkasten mit Öffnung nach unten gestellt. Auf der Sandfläche stehen Behälter mit den in Sand eingebetteten Eiern und eine Wasserschale. Da die relative Luftfeuchtigkeit in dieser Konstruktion nur 60 bis 70% beträgt, sollte der Sand des Eierbehälters gelegentlich mit einigen Tropfen Wasser befeuchtet werden. Zur Belüftung muß das Aquarium täglich angehoben werden oder man benutzt einen Kunststoffkasten mit Belüftungslöchern.

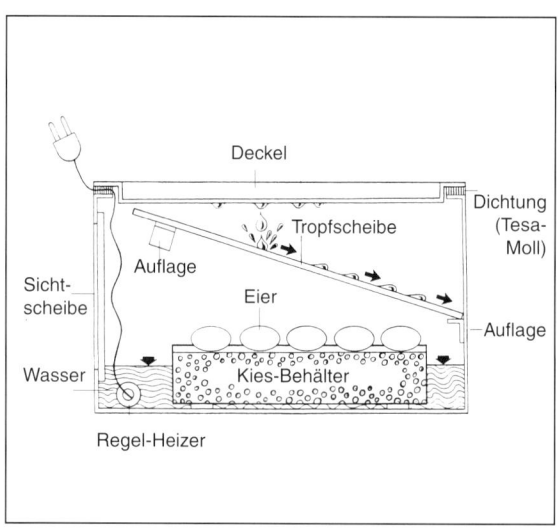

Brutapparat für Schildkröteneier. Die schräg angebrachte Tropfscheibe verhindert die Befeuchtung der Eier. Die Platte zur Aufnahme der Eier muß bis zur Wand des Behälters vergrößert werden, damit schlüpfende Landschildkröten nicht ins Wasser fallen. Aus Budde 1980.

Ein anderer Brutapparat besteht aus zwei ineinander gestellten Aquarien oder Kunststoffkästen. Der größere Kasten enthält das durch Regelheizer erwärmte Wasserbad, in das der Eierbehälter eingestellt wird. Die Eier lagern in Sand (bevorzugt), Kies 5 mm Körnung oder Schaumstoffkörnchen. Da die Einrichtung abgedeckt werden muß, entsteht nur ein kleiner Luftraum für den Gasaustausch der Eier. Ungünstig ist ferner, daß Kondenswassertropfen direkt die Eier befeuchten und daß die Temperatur nicht neben den Eiern gemessen wird. Ein weiterer Brutapparat von Budde enthält eine Scheibe, die das Auftropfen von Kondenswassertropfen auf die Eier verhindert. Der Luftraum zwischen Eilagerung und Deckel ist für den Gasaustausch durch die Eischale ausreichend.

Schließlich macht ein Brutapparat mit schräg verlaufender Abdeckplatte eine zusätzliche Tropfscheibe überflüssig und verhindert ferner, daß schlüpfende Schildkröten in das Wasser fallen.

Ich verwende seit vielen Jahren einen Brutapparat, der aus einem Kunststoffkasten mit schräg verlaufendem Deckel und einer Kunststoffplatte mit Luftlöchern und Aussparungen zur Lagerung der Eier besteht. Bevorzugt wird ein im Wasser liegender Heizer, so daß der Was-

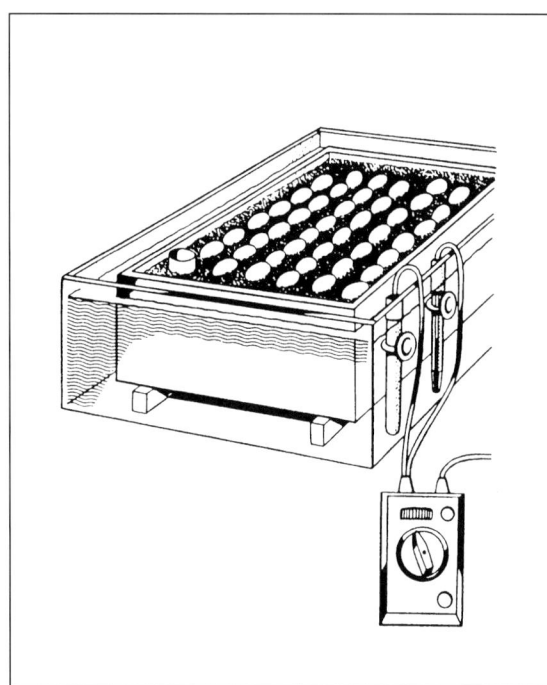

Brutapparat bestehend aus einem großen Eibehälter, der im Wasserbad mit Regelheizung steht. Aus Fritsche 1981.

serstand niedrig gehalten werden kann. In diesem Falle kann die Platte für die Einlagerung weiterer Eier zum Boden der Einrichtung angeordnet werden. Früher bedeckte ich die Eier vollständig mit Substrat, wodurch allerdings eine optische Kontrolle nicht möglich war. Um zu ermitteln, ob die Lagerung der Eier ohne Substrat Nachteile aufweist, halbierte ich in einer Versuchsreihe die Gelege, bedeckte die eine Hälfte vollständig mit Sand und ließ die andere Hälfte unbedeckt auf Kunststoffplatten. Die zwei Jahre lang durchgeführten Versuche ergaben keine Unterschiede im Zeitigungserfolg. Wegen der Möglichkeit der Durchleuchtung der Eier bevorzugen wir die Lagerung

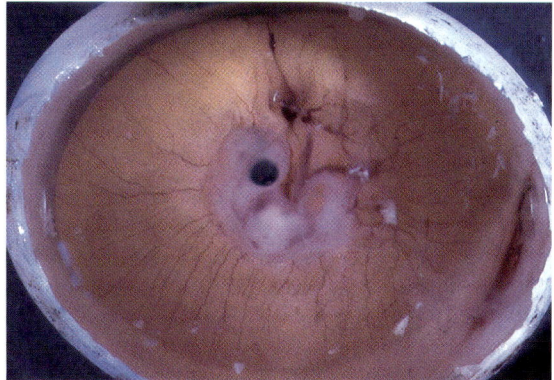

Embryo von *Testudo hermanni boettgeri* am 23. Tag der Entwicklung bei 30 °C; oben Anlage des Gehirns mit Augenanlage (dunkel), zahlreiche Dottersackgefäße

ohne Substrat. An Stelle eines Aquarienheizers läßt sich die Anlage auch mit einer Heizplatte betreiben. Grundsätzlich sollten alle Bruteinrichtungen zur Energieersparnis von einer Isolierung aus Styropor umgeben werden.

Die Entwicklung der jungen Schildkröten

Bei der Paarung im Herbst kommt es entweder zu einer Speicherung der Spermien für ein bis einige Jahre (verspätete Befruchtung) oder es erfolgt eine Befruchtung und Überwinterung als sehr frühes Embryonalstadium. Da bei Fischen und Amphibien die Entwicklung der Eier im Wasser erfolgt, besteht keine Gefahr der Austrocknung. Ganz anders verhält es sich bei Reptilien und Vögeln, deren Eier durch verschiedene Schutzeinrichtungen vor Austrocknung bewahrt werden müssen. Der Übergang zum Landleben war durch die Erfindung des dotterreichen Reptilieneies möglich geworden. Als Schutzeinrichtung des Keimlings vor Wasserverlust enthält das Reptilienei im Vergleich zum Amphibienei zusätzliche Fruchthüllen, die zugleich der Ernährung und Atmung dienen.

Die Fruchthüllen umwachsen die bei Reptilien große Dottermasse und bilden zahlreiche Gefäße, welche den Transport der Nährstoffe vom Dotter zum Embryo übernehmen.

Diese Grundlagen der Entwicklungsgeschichte sind für den Reptilienfreund von Interesse, wenn die Entwicklungsvorgänge im Schildkrötenei beobachtet werden sollen. Dazu kann man die Eier während der Lagerung im

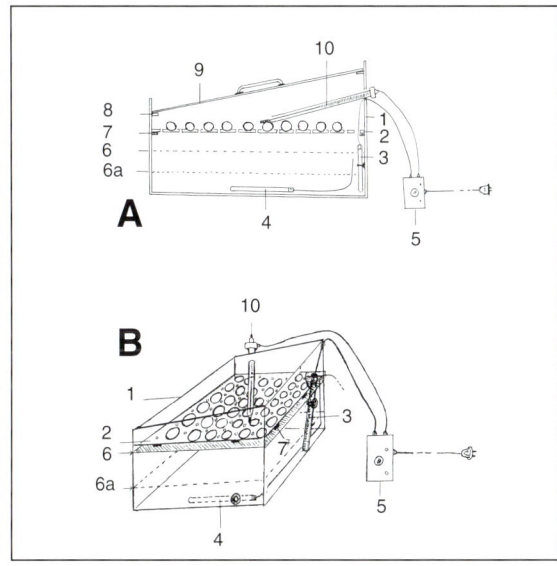

Brutapparat mit Regelheizung und einer Kunststoffplatte mit muldenförmigen Vertiefungen zur Aufnahme der Eier. Die Zeitigungstemperatur wird in Nähe der Eier gemessen. Die Höhe des Wasserspiegels richtet sich nach der Beschaffenheit des Heizers.

A Querschnitt
B Räumliche Darstellung (Ohne Abdeckplatte)
1 Kunststoffbehälter mit schräg aufliegender Abdeckplatte
2 Kunststoffplatte mit in Mulden liegenden Eiern und Luftlöchern
3 Aquarienheizer nicht für Einsatz unter Wasser geeignet
4 Aquarienheizer wasserdicht
5 Relais
6 Wasserstand
6a Wasserstand für wasserdichten Heizer
7 Auflage für Kunststoffplatte
8 Auflage für Abdeckplatte
9 Abdeckplatte
10 Kontaktthermometer

Embryonen von *T. hermanni boettgeri.* Von unten nach oben: 13.; 18.; 25.; 27. und 33. Tag der Entwicklung bei 30 °C.

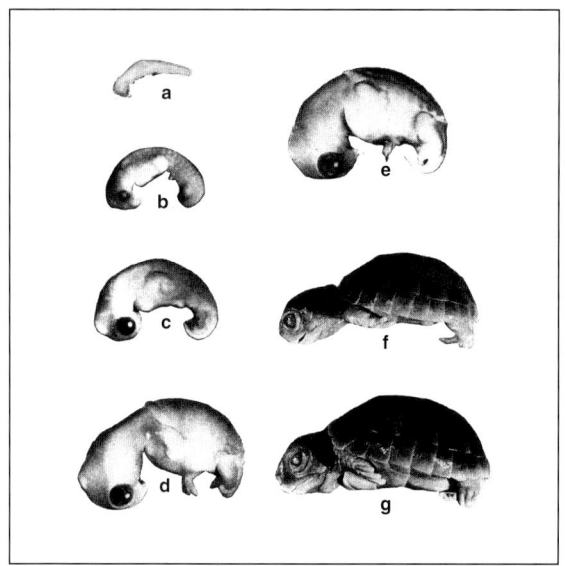

Embryonen von *Testudo hermanni boettgeri.* Entwicklung bei 30 °C.

a	14. Tag 0,65 cm		
b	18. Tag 0,80 cm	Augenanlage als dunkler Ring sichtbar. Anlage der Vorder- und Hinterbeine als helle Vorwölbung	
c	23. Tag 0,95 cm	Augenanlage vergrößert	
d	27. Tag 1,25 cm	Carapaxanlage	
e	31. Tag 1,25 cm		
f	36. Tag 2,35 cm	Anlage Carapaxschilder, Augenlider, Eizahn	
g	40. Tag 2,65 cm		

Inkubator mit einer 25 Watt Glühlampe oder einer Taschenlampe gleicher Lichtstärke vor einer Blende durchleuchten. Nur in Zweifelsfällen wird das Ei aus dem Inkubator genommen und von mehreren Seiten durchleuchtet. Selbstverständlich dürfen die Eier weder gedreht noch

Embryo von T. hermanni am 40. Tag der Entwicklung bei 30 °C.

durch die Lichtquelle erwärmt werden. Negative Folgen für die Entwicklung des Keimlings durch das Licht konnten nicht beobachtet werden. Die Eier zeigen zu Beginn der Beobachtung bei der Durchleuchtung eine homogene, gelbliche Färbung, die bei unbefruchteten Eiern erhalten bleibt. Sind die Eier befruchtet, so erkennt man schon nach 2 bis 3 Wochen einen rötlichen Farbton oder man sieht die ersten Blutgefäße des Dottersackkreislaufes unter der Eischale als sicheres Zeichen der Befruchtung. Schließlich erscheint der Keimling als dunkler Fleck und mit ihm die Allantoisgefäße, die der Eischale anliegen und deshalb gut sichtbar sind. Füllt der Keimling das Ei bei der Durchleuchtung zur Hälfte aus, so sind 3/4 der Entwicklungszeit vergangen (SACHSSE). Zum Vergleich des Durchleuchtungsbefundes mit der Größe der Embryonen werden verschiedene Entwicklungsstadien von *T. hermanni boettgeri* wiedergegeben. Man muß jedoch beachten, daß es individuelle Unterschiede im Entwicklungstem-

T. graeca ibera: Eischale gebrochen um 11.00 Uhr

Beginnenden Drehung im Ei am 4.9. um10.06 Uhr

Stirn sichtbar am 3.9. um 22.00 Uhr

Vorderbein und Hinterbein sichtbar um 10.20 Uhr

Vorderbein zerstört Eischale am 4.9.um 10.00 Uhr

Das Tier verläßt seitwärts die Schale um 10.22 Uhr

Linkes Vorderbein frei am 4.9. um 10.04 Uhr

Das Tier wendet sich zur Kamera um 10.25 Uhr

po der Embryonen gibt. Außerdem kann der Winkel zwischen Kopf und Rumpf sehr unterschiedlich sein, so daß ein älteres Entwicklungsstadium mitunter die gleiche Länge aufweist, wie ein 4 Tage jüngerer Embryo.

Keimlinge mit beschädigter Eischale können dennoch normal gezeitigt werden, wenn das Ei in eine sterile, feuchte Kammer gebracht wird. Günstig ist ein Betropfen der von der Eischale befreiten Abschnitte des Embryo mit physiolgische Kochsalzlösung (0,8%). Ein am 46. Tage der Entwicklung breit geöffnetes Ei zeigt den Embryo mit Dottersack und Gefäßen sowie mit beginnender Entwicklung der Querfalte des Plastron. In der feuchten Kammer erfolgte die Zeitigung problemlos.

Für die Beobachtung des Schlupfvorganges ist die Lagerung der Eier auf Sand oder auf einer Kunststoffplatte sehr vorteilhaft. Durch diese Methode kann man bei der Entfernung der Eischale etwas nachhelfen und eine fotografische Dokumentation vornehmen. Jedoch entspricht die substratfreie Lagerung der Eier nicht den natürlichen Bedingungen und ohne Zweifel wird dadurch die Schlupfzeit beeinflußt. Tiere, die aus freiliegenden Eiern schlüpfen, können sich nicht mit den Beinen am Erdreich der Grube abstämmen, wodurch der Schlupfvorgang verzögert wird. Angaben über die Dauer des Schlupfes entsprechen deshalb nicht dem natürlichen Verhalten. Die bei uns registrierte Schlupfzeit variiert bei allen beobachteten Arten zwischen 13 und 24 Stunden.

Die Inkubationszeit ist ebenfalls variabel und hängt von der Temperatur im Inkubator ab. So stellte ich an *T. hermanni boettgeri* bei einer Inkubationstemperatur zwischen 28 und 30 °C im Mittel eine Zeitigungsdauer von 63,3 Tagen fest. Bei 32 °C verkürzt sich diese auf 56 Tage. *T. graeca ibera* schlüpfte bei 29 °C im Mittel nach 68 Tagen und *T. (A.) horsfieldi* bei 29 - 30 °C nach 72 Tagen. Bei einer Zeitigungstemperatur zwischen 31 und 32 °C verkürzt sich die Schlupfdauer auf 66 Tage. Bei *T. marginata* beträgt die Inkubationszeit bei 29 bis 30 °C 69 Tage.

Während des Schlupfes muß sich die Schildkröte sehr anstrengen, um die Eischale aufzubrechen. Mit Ausnahme von drei Fällen erfolgte der Durchbruch der Eischale immer im Kopfbereich. Dazu existiert am Prämaxillare eine keilförmige hornige Struktur, Eizahn oder Eischwiele genannt. Wie lange das Tier benötigt, um mit dem Eizahn eine erste Bruchstelle der Schale zu schaffen, ist unbekannt. Zunächst sind an der späteren Öffnung nur kleine Risse der Eischale zu erkennen. Durch Vorstoßen des Kopfes fallen die ersten Bruchstücke der Eischale, und schließlich wird der Kopf sichtbar. Die Vergrößerung der Öffnung erreicht das Tier durch Bisse in die Eischale und ferner durch Stemmarbeit der Vorderbeine. Vom ersten Riß in der Eischale bis zu diesem Stadium benötigt das Tier etwa 8 Stunden. Mit heraushängendem Vorderbein legt die kleine Schildkröte eine Pause von etwa 3 Stunden ein. Nach dieser Ruhepause setzt eine neue Aktivitätsphase ein, die innerhalb von 30 Minuten zum Schlupf führt. Der Schlupf wird durch Drehung des Tieres erreicht, so daß die Pla-

Muttertier Nr.	Schlüpftag-	Carapax Länge in mm	Carapax Breite in mm	Gewicht in g	Zeitigungsdauer in Tagen
\multicolumn{6}{l}{Zeitigungsdauer, Größe und Gewicht frisch geschlüpfter *Testudo horsfieldi*}

Muttertier Nr.	Schlüpftag-	Carapax Länge in mm	Carapax Breite in mm	Gewicht in g	Zeitigungsdauer in Tagen
24	18.8.69	32,0	33,0	12,5	65
24	20.8.69	29,0	31,0	10,0	67
24	24.8.70	33,4	34,2	14,0	77
24	29.8.70	32,6	32,6	12,0	77
23	1.9.70	33,4	33,5	12,0	68
23	7.9.70	34,2	34,2	12,0	75
23	7.9.70	32,0	32,6	10,0	75
Mittelwert	–	32,37	33,01	11,79	72
Max.	–	34,2	34,2	14,0	77
Min.	–	29,0	31,0	10,0	65

stronfalte deutlich sichtbar wird. Infolge der Stemmbewegungen und des Streckens des Körpers platzt die Eischale oberseits auf und durch weitere Beinarbeit rutscht das Tier seitwärts heraus. Auch beim Schlupf einer *T. hermanni boettgeri* fällt die Beinarbeit auf. Mit beiden Vorderbeinen wird die Eischale gesprengt, und die Schildkröte kann diese verlassen. *T. (A.) horsfieldi* erreicht eine Sprengung der Eischale ebenfalls mit den Vorderbeinen. Das Strecken des Körpers mit offenem Mund führt zu einer Verbreiterung des Risses oben in der Eischale. Durch weitere Streckvorgänge und mit Hilfe der Vorderbeine verläßt das Tier seine Schale. Von jungen *T. graeca ibera* wurde nach dem Durchstoßen mit dem Kopf und einem Vorderbein eine Ruhepause eingelegt. Die neue Aktivitätsphase wird meist mit geöffnetem Mund eingeleitet.

Frisch geschlüpfte Schildkröten weisen im Plastron eine deutliche Querfalte auf. 10 Stunden nach dem Schlupf hat sich der Körper gestreckt, und die Plastronfalte ist nicht mehr sichtbar. Da die Embryonen von *T. (A.) horsfieldi* quer zur Längsachse der Eier liegen, erscheint die Querfalte sehr deutlich. Außerdem ist der Carapax bei dieser Art häufig nach dem Schlupf mehr breit als lang oder rund. Das Körpergewicht frisch geschlüpfter Schildkröten beträgt bei *T. (A.) horsfieldi* 15 – 20 g, bei *T. hermanni boettgeri* 10 – 12 g und bei *T. marginata* 14,9 g. Schließlich kann ich durch eine Aufnahme belegen, daß ausnahmsweise der erste Durchbruch der Eischale nicht mit dem Eizahn sondern mit den Krallen des Vorderbeines erfolgte.

Auf die Bedeutung der Zucht von Schildkröten für den Artenschutz, zur Vemehrung unserer biologischen Kenntnisse und Erarbeitung besserer Zuchtmethoden wurde bereits hingewiesen. Erfreulicherweise gibt es inzwischen durch die immer bessere Pflege regelmäßig Nachzuchten in größerer Anzahl. Nach der Nachzuchtstatistik der Deutschen Gesellschaft für Herpetologie und Terrarienkunde (DGHT) wurden 1990 und 1991 2264 Nachzuchttiere von *T. hermanni, T. graeca, T. marginata* und *T. (A.) horsfieldi* gemeldet. Dabei muß man bedenken, daß leider nicht alle Züchter ihre Nachzuchtergebnisse melden und außerdem fehlen in dieser Übersicht die Ergebnisse der Züchter, die keinem Verein angehören. Betrachtet man die Nachzuchtstatistik der DGHT 1990/1991 für die vier am häufigsten

Durch Einziehen des Kopfes wird bei *T. (A.) horsfieldi* der Riß in der Eischale vergrößert

Bei weiteren Bewegungen in der Eischale wird der Mund geöffnet

Eine Steppenschildkröte neben der verlassenen Schale

Die frisch geschlüpfte Schildkröte zeigt eine deutliche Querfalte im Plastron

Species	Gemeldete Nachzucht-Tiere	In % zur Gesamtzahl
T. hermanni	1140	50,35
T. graeca	551	24,33
T. marginata	449	19,83
T. (A.) horsfieldi	124	5,48

Nachzuchtstatistik der DGHT 1990 und 1991. Gesamtzahl aller gemeldeten Tiere der vier am häufigsten gehaltenen Arten: 2264

***Testudo graeca ibera*; der Eizahn ist im Profil des Kopfes sichtbar.**

gehaltenen Arten, dann zeigt sich, daß etwa die Hälfte der gemeldeten Tiere die Art *T. hermanni* betrifft, und daß *T. (A.) horsfieldi* am wenigsten produktiv ist.

Dieses Ergebnis entspricht auch unseren Erfahrungen bei der Pflege von *T. hermanni boettgeri*, *T. graeca ibera* und *T. (A.) horsfieldi*. Von 1961 bis 1995 erhielten wir 1525 Nachzuchttiere, wobei sich der größte Teil auf *T. hermanni boettgeri* bezieht.

Von 6 *T. hermanni boettgeri* erhielten wir in sechs Jahren 58 Gelege mit 424 Eiern, von denen 326 Tiere schlüpften. Das entspricht einer Schlupfrate von 76,9%. Es wurden in 6 Jahren 7 mal 3 Gelege, 16 mal 2 Gelege und 12 mal ein Gelege registriert. Die Gelege enthielten je nach Alter und Größe der Tiere 3 bis 11 Eier. Die bei uns geschlüpften und aufgewachsenen *T. hermanni boettgeri* legten erstmalig im Alter von 11 bis 14 Jahren Eier (3 bis 4 pro Gelege). Ausgewachsene Schildkröten produzieren 5 bis 8 Eier, der Mittelwert der Eizahl beträgt 7,6 Eier pro Gelege. Von einer 2020 g schweren *T. hermanni boettgeri* registrierte ich in 6 Jahren (1988 bis 1993) 16 Gelege mit 97 Eiern aus denen 84 Tiere schlüpften (Schlupfrate 86,6%). Dieses Exemplar lieferte in 4 Jahren je Jahr 3 Gelege und 2 mal pro Jahr 2 Gelege, es wurden also im Mittel 6,1 Eier registriert. Ist die Anzahl der Gelege geringer, so werden mehr Eier pro Gelege abgesetzt. Von einer 2300 g schweren *T. hermanni boettgeri* fand ich im gleichen Zeitraum nur 10 Gelege mit 92 Eiern, aus denen 76 Tiere schlüpften (Schlupfrate 82,6%).

Jahr	Eizahl	Geschlüpft		Abgestorben		Unbefruchtet	
		Anzahl	%	Anzahl	%	Anzahl	%
1986	112	69	62	5	5	36	32
1987	69	52	75	4	6	13	19
1988	97	76	78	7	7	14	14
1989	110	84	76	4	4	22	20
1990	138	96	70	19	14	23	17
1991	107	82	77	1	1	24	22
1992	170	124	73	6	4	40	24
1993	188	135	72	14	8	39	21
1994	146	121	83	4	3	21	14
1986-1994	1137	839	74	64	6	232	20

Zeitigungsergebnisse 1986 bis 1994 von *T. hermanni boettgeri*, *T. graeca ibera*, *T. (A.) horsfieldi*. Prozentzahlen auf- und abgerundet.

Dieses Individium lieferte in 6 Jahren 1 mal 3 Gelege, 2 mal 2 Gelege und 3 mal 1 Gelege. Sie enthielten durchschnittlich 9,2 Eier.

Von *T. graeca ibera* registrierte ich in 6 Jahren 19 Gelege mit 129 Eiern, von denen 109 Tiere schlüpften (84,5 %). Es wurden in 6 Jahren 6 mal pro Jahr 2 Gelege und 5 mal 1 Gelege beobachtet. Durchschnittlich enthielten die Gelege 8,1 Eier.

Von 2 *T. (A.) horsfieldi* erhielt ich in 6 Jahre 17 Gelege mit 41 Eiern aus denen 27 Tiere schlüpfen (65,9%). In 6 Jahren registrierte ich 6

Testudo graeca ibera unmittelbar nach dem Schlupf; Dottersack noch nicht vollständig resorbiert, deutliche Querfalte im Plastron

T. (A.) horsfieldi, frisch geschlüpft; an der Resorbtionsstelle des Dottersackes ist nur noch ein kleiner Spalt sichtbar.

mal 2 Gelege und 5 mal 1 Gelege, mit durchschnittlich nur 4 Eiern. Dieses Ergebnis steht im Einklang mit den Befunden der DGHT Statistik. Auch hier war *T. (A.) horsfieldi* am unproduktivsten. Bei einem Vergleich dieser Ergebnisse mit den Befunden anderer Beobachter ist zu beachten, daß meine Tiere seit 1961 ganzjährig im Freilandterrarium ohne Zusatzheizung gepflegt wurden.

In der Literatur wird über eine Freilandhal-

Testudo hermanni boettgeri 24 Stunden nach dem Schlupf; es besteht noch eine schmale Spalte an der Resorbtionsstelle des Dottersackes, die Querfalte im Plastron ist flacher geworden.

T. (A.) horsfieldi, frisch geschlüpft; da die Vierzehenschildkröten quer zur Längsachse des Eies gelagert sind, zeigen frisch geschlüpfte Tiere einen sehr breiten Carapax.

	T. hermanni boettgeri	T. graeca ibera	T. (A.) horsfieldi
Jahre der Beobachtung	6	6	6
Anzahl Tiere	6	2	2
Anzahl der Gelege	58	19	17
Anzahl 2. und 3.Gelege	23	6	6
Gesamtzahl Eier	424	109	41
Mittlere Eizahl pro Gelege	7,6	8,1	4,1
Schlupfrate	326 = 76,9 %	109 = 84,5 %	27 = 65,9 %

Anzahl der Gelege, Anzahl der Eier und Schlupfrate von drei Arten in 6 Jahren.

tung von 4 *T. marginata* berichtet (HEIMANN). Von 1985 bis 1991 erhielt man 41 Gelege mit 347 Eiern und 266 Jungtieren bei 30 °C im Inkubator. (Schlupfrate 56,6 bis 90,4 %). Die häufigste Schlupfrate betrug 80 %. KLEINER erhielt 21 Jungtiere aus 27 Eiern von *T. marginata* (Schlupfrate 77,8 %). Die Pflege von 10 weiblichen *T. hermanni boettgeri* in einem Freilandterrarium erbrachte nach EENDEBAK 741 Eier (515 befruchtete), aus denen 312 Tiere schlüpften (60,58 %). Offenbar ist die Mortalitätsrate von der Zeitigungstemperatur abhängig. Die niedrigste Mortalitätsrate (20 – 30 %) wurde zwischen 26 und 32 °C festgestellt. Bei Temperaturen von 25 °C, 33 °C und 34 °C lag die Mortalitätsrate bei etwa 50 %, während diese bei Temperaturen von 24 und 35 °C 100 % betrug.

Zu den hier dargestellten Zeitigungsergebnissen gehören auch Berichte über Erhaltungszucht (F2-Generation) bei Schildkröten, da solche Selbstreproduktion von Terrarienpopulationen die Entnahme von Tieren aus Wildpopulationen überflüssig macht: *Geochelone pardalis babcocki* COAKLEY u. KLEMENS 1983); *Testudo graeca* (EVANS 1983); *Testudo hermanni boettgeri* (KIRSCHE 1984, HEIMANN 1992).

Merkmale und Aufzucht der Jungtiere

Versucht man adulte *T. graeca ibera* und *T. hermanni* allein durch Betrachtung der Pigmentstruktur des Carapax voneinander zu unterscheiden und beachtet dabei nicht die spezifischen Merkmale (Höckerschuppe, Schwanznagel), dann erkennt man schnell, daß dies nicht möglich ist. Ganz anders verhält es sich bei Jungtieren. Beschaut man sich Carapax und Plastron wenige Wochen alter Jungtiere, so werden sichere Unterscheidungsmerkmale deutlich. Die Pigmentierung des Carapax bei *T. (A.) horsfieldi* erscheint als zentrale, dunkle unregelmäßig begrenzte Fläche. Demgegenüber weisen die Schilder des Carapax bei *T. hermanni boettgeri* im vorderen Abschnitt dunkle Zeichnungselemente auf, während der hintere Abschnitt frei bleibt. Auch bei *T. graeca ibera* existieren artspezifische Merkmale des Pigmentmusters. Alle Tiere besitzen auf den Lateralia einen kommaförmigen Pigmentfleck parallel der Längsachse des Körpers. Bei *T. marginata* sind alle Zentralia und Lateralia vorn und seitlich dunkel pigmentiert, so daß eine nach hinten offene Hufeisenstruktur entsteht.

Vergleicht man die selben Tiere 10 Monate später, so ist die artspezifische Pigmentstruktur noch sichtbar, jedoch zum Teil verändert. Bei *T. marginata* bleibt der hintere Rand der Carapaxschilder noch immer frei von Pigment. Dagegen hat die Pigmentierung am Vorder- und Seitenrand der einzelnen Schilder an Ausdehnung zugenommen und die hufeisenförmige Pigmentstruktur ist nicht mehr vorhanden. Ältere Tiere weisen eine zunehmende Pigmentierung auf, so daß schließlich bei Zentralia und Lateralia nur noch ein zentraler unpigmentierter Bereich erhalten bleibt. Auffällig ist die beachtliche Größenzunahme von *T. marginata* in 10 Monaten (235 g und 275 g) im Vergleich zu den anderen Arten.

Auch die Plastronstruktur läßt artspezifische Merkmale erkennen. *T. (A.) horsfieldi* besitzt die stärksten pigmentierten Plastronschilder. Bei *T. hermanni boettgeri* sind die Pigmentflecken zwar dem Muster von *T. (A.) horsfieldi* ähnlich, jedoch bleiben die einzelnen dunklen Felder kleiner.

Wenige Tage alte Jungtiere der vier europäischen Arten.
Von links: *T. (A.) horsfieldi, T. hermanni boettgeri, T. graeca ibera, T. marginata*

Gleiche Tiere wie im Bild oben. Die stärkste Pigmentierung bei *T. (A.) horsfieldi*, danach folgt *T. hermanni boettgeri*. Bei *T. graeca* ist die Pigmentierung sehr variabel und unregelmäßig begrenzt, sie kann auch vollständig fehlen. Sehr charakteristisch für *T. marginata* sind dreieckige Pigmentflecken.

Jungtier von *Testudo hermanni hermanni*

Bei *T. graeca ibera* ist die Pigmentierung sehr variabel und überschreitet die Schildergrenzen. Mitunter findet man auch Tiere mit unpigmentierten Plastronschildern. Eine sehr charakteristische Plastronpigmentierung läßt sich bei *T. marginata* erkennen. Hier existiert ein dreieckiges Zeichnungselement, das bis zur Vordergrenze der Schilder reicht und den hinteren Abschnitt frei läßt. Die Variabilität des Pigmentmusters ist bei *T. hermanni boettgeri* am stärksten ausgeprägt. Das ist am Carapax anhand sehr heller und dunkler Tiere sowie am Plastron durch die unterschiedlich großen Flecken erkennbar.

Als Futter wird gereicht: Löwenzahn, Salat, Weißklee, Vogelmiere, *Sedum*-Arten, Sauerampfer, Blumenkohl- und Kohlrabiblätter,

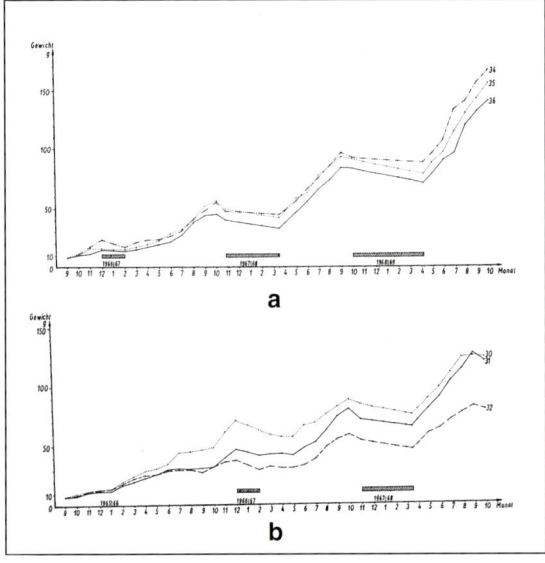

Körpergewicht von drei in Menschenobhut geschlüpften und aufgezogenen Jungtieren von *Testudo hermanni boettgeri* **in Abhängigkeit von der Winterruhe (Ruhedauer = schraffierte Balken)**

Äpfel, Möhren, Tomaten, Erdbeeren, hartgekochtes Hühnerei, in Wasser eingeweichtes Weißbrot oder Katzenfutter möglichst als Getreide-Fischmischung. Das Katzenfutter wird mit einem Kalkvitaminpräparat bestreut und etwa 2 mal pro Woche gefüttert. Als Zusatzfutter eignen sich auch pulverisierte Sepia- und Hühnereischalen. Manche Tiere mögen gern aufgestreuten Insektenschrot. Ferner gibt es im Handel Schildkrötenfutter mit Vitaminzusatz in Form von Pellets, die von den Tieren in eingeweichter Form sehr gern genommen werden. Bei dem im Handel angebotenen Schildkrötenzusatzfutter (z.B. Reptical, ReptoMin, Reptovit) sollte die auf den Packungen angegebene Zusammensetzung beachtet werden (wichtig sind Calcium etwa 5 – 6 %, Phosphor 0,4 – 0,5 %, Rohprotein 40 % sowie verschiedene Vitamine E, D_3 und A). Auch eine sehr flache Trinkwasserschale darf nicht fehlen, wobei darauf zu achten ist, daß die jungen Schildkröten nicht ertrinken.

Wer einen sonnigen Balkon oder einen Garten besitzt, der sollte den Tieren auch im ersten Lebensjahr Freiluftaufenthalte bei ungefiltertem Sonnenlicht gewähren. Terrarien auf dem Balkon oder im Garten müssen eine Maschendrahtabdeckung aufweisen, damit Krähen oder Elstern die Tiere nicht schädigen können. Man benötigt außerdem eine kurzgemähte Weißkleewiese mit möglichst viel Löwenzahn. Bewährt hat sich ein Metallrahmen, der in den Wiesenboden eingedrückt wird und in den man die jungen Schildkröten für die Zeit des Fressens einsetzt.

In Balkon- und Freilandterrarien benötigen die Schildkröten für den Fall starker Sonneneinstrahlung oder kühler Witterung einen mit Moos gefüllten Unterschlupf. Für das Zimmer-

Variabilität bei wenige Wochen alten *Testudo hermanni boettgeri*

Jungtiere im Alter von 10 Monaten; rechts vorn und hinten *Testudo marginata;* **Mitte vorn und hinten** *T. hermanni boettgeri* **sowie links** *T. graeca ibera*

späteren Freilandaufenthalt vorzubereiten, wird im Terrarium auf eine Bodenheizung verzichtet. Diese kommt nur bei erkrankten Tieren zur Anwendung. Mit einer Ultra-Vitalux-Lampe werden die Tiere zwei- bis dreimal pro Woche 5 bis 10 Minuten lang in einem Abstand von 80 cm bestrahlt. Schließlich sei darauf hingewiesen, daß bei der Nahrungsaufnahme erhebliche individuelle Unterschiede bestehen. Während für die meisten Tiere Erdbeeren ein besonderer Leckerbissen darstellen, lehnen andere diese Früchte ab. Deshalb sollte der Pfleger vielseitige und abwechslungsreiche Nahrung anbieten. Außerdem ist zu empfehlen, die Tiere täglich ein- bis zweimal mittels Feinzerstäuber mit warmem Wasser zu besprühen, da zu trockene Luft eine Voraussetzung für Infektionen des Atemtraktes darstellt. Ferner muß bei Aufzucht von Jungtieren eine monatliche Gewichtskontrolle erfolgen, da eine Abnahme des Körpergewichts in den Monaten Mai bis Juli auf eine Erkran-

terrarium muß eine Wärmequelle zur Verfügung stehen. Hält man nur einige Tiere, so reicht eine 25 Watt Glühlampe, die so anzubringen ist, daß unter der Lampe etwa 28 bis 32 °C gemessen werden. Um die Tiere auf einen

Tier Nr.	1 Tag alt				12 Monate alt				24 Monate alt			
	Gewicht 8	Carapax Länge mm	Carapax Breite mm	Höhe mm	Gewicht 8	Carapax Länge mm	Carapax Breite mm	Höhe mm	Gewicht 8	Carapax Länge mm	Carapax Breite mm	Höhe mm
17	7,0	31,0	28,0	18,0	38,0	52,0	48,5	31,5	68,0	61,4	55,5	38,0
18	7,5	32,0	27,0	18,0	25,0	48,0	41,7	26,8	48,0	56,0	49,0	33,8
19	8,0	33,0	29,0	19,0	70,0	65,5	58,0	37,5	210,0	98,0	83,0	49,0
20	8,0	31,0	27,0	18,0	43,0	55,0	49,0	33,8	96,0	72,0	65,0	40,8
21	6,0	30,0	25,0	19,0	66,0	63,0	56,0	39,3	225,0	97,0	84,5	54,3

Körpergewichte und Panzermaße von 5 *T. hermanni boettgeri* **während der Aufzucht**

Tier Nr.		7♀	8♀	18♀	19♀	21♀	20♀	30♀	32♀	35♂	36♂
Muttertier Nr.		–	–	1	1	1	4	13	13	13	–
Gewichte (g)	1. Tag	?	?	7,5	8,0	6,0	7,5	6,5	7,0	8,0	8,0
	8 Monate	?	?	24	45	44	26	14	21	22	19
	2 Jahre	?	?	40	166	169	41	40	28	58	46
	3 Jahre	95	55	49	231	255	79	58	40	88	78
	4 Jahre	180	120	66	305	320	116	75	65	134	120
	5 Jahre	246	160	95	380	375	183	78	104	158a	148a
	6 Jahre	340	240	122	550	485	200	136	120	275	285
	7 Jahre	430	300	126	640	565	355	158	165	255	290
	8 Jahre	510	380	200	885	790	365	185	200	345	415
	9 Jahre	605	445	228	855	715	500	230	250	420	500
	10 Jahre	718	515	255	1090	950	640			440	560
	11 Jahre	820	620	315	1285b	1010	710			470	590
	12 Jahre	770	630	335	1290b	1050	800				
	13 Jahre	870c	620								
	14 Jahre	920b	650								

Körpergewichte von im Inkubator geschlüpften und im Freilandterrarium aufgezogenen 10 *Testodo hermanni boettgeri* **in Beziehung zum Lebensalter. Gewichtsbestimmung jeweils am 1. Mai. a: Erste Paarungsversuche b: Erste Eiablage c: Ausheben einer Grube ohne Eiablage**

Wenn Jungtiere Gewichtsverluste aufweisen, sollte die Fütterung individuell erfolgen.

kung hindeutet, die eine Behandlung erfordert. Das abwechslungsreiche, kleingeschnittene Futter sollte direkt vorgelegt werden, um eine Kontrolle der Nahrungsaufnahme zu ermöglichen.

Es bestehen erhebliche individuelle Unterschiede im Wachstum der Schildkröten. So schwankt das Körpergewicht bei zwei Jahre alten, gesunden Tieren zwischen 48 g und 225 g. Bestimmt man das Gewicht solcher Tiere über einen längeren Zeitraum, so vergrößern sich diese individuellen Schwankungen der Gewichtszunahme. Das Körpergewicht schwankt nach 12 Jahren zwischen 335 g und 1290 g.

Ferner konnte ich beobachten, daß die männlichen Tiere erstmalig im Alter von 5 Jahren Paarungsversuche unternehmen und daß die ersten Eiablagen bei *T. hermanni boettgeri* zwischen dem 11. und 14. Lebensjahr erfolgen.

Auch bei im Inkubator geschlüpften und ab dem 2. Lebensjahr im Freilandterrarium aufgezogenen *T. (A.) horsfieldi* existieren erhebliche individuelle Schwankungen im Körpergewicht bei unter gleichen Bedingungen aufgezogenen Tieren. Im 5. Lebensjahr beträgt die Differenz zwischen dem schwersten und leichtesten Tier 130 g und bei gleichalten *T. hermanni boettgeri* 302 g. In den Carapaxmaßen kommt die runde Form besonders bei wenige Tage alten Tieren im Gegensatz zu *T. hermanni boettgeri* deutlich zum Ausdruck.

Temperaturabhängige Geschlechtsfixierung

Auf die zur Zeit noch ungenügend geklärten theoretischen Grundlagen der temperaturabhängigen Geschlechtsfixierung wurde bereits eingegangen (Seite 15). In diesem Abschnitt soll über erste experimentelle Untersuchungen an *T.*

Alter	Tier Nr.	Gewicht g	Länge mm	Breite mm	Höhe mm
1 Tag	25	10,0	32,0	32,6	17,6
	26	12,0	33,4	33,5	19,0
	27	12,0	34,2	34,2	19,8
1 Jahr	25	77,0	66,3	61,5	36,5
	26	67,0	63,2	60,3	33,8
	27	74,0	64,8	61,8	35,0
2 Jahre	25	120,0	75,5	68,8	42,9
	26	87,0	69,1	66,0	38,1
	27	109,0	74,0	69,8	40,0
3 Jahre	25	255,0	95,9	83,5	54,0
	26	114,0	75,3	70,5	41,0
	27	150,0	82,6	75,7	44,3
4 Jahre	25	325,0	106,3	91,5	59,9
	26	176,0	84,8	76,7	48,0
	27	222,0	93,4	84,3	50,3
5 Jahre	25	360,0	110,0	95,3	63,1
	26	230,0	93,5	84,4	52,0
	27	290,0	104,0	92,2	55,9

Gewichte und Carapaxgrößen von 3 *T. (A.) horsfieldi*. Geschlüpft im Inkubator und im Freilandterrarium aufgezogen.

Während der kalten Jahreszeit werden die Jungtiere im Zimmerterrarium gehalten.

hermanni boettgeri berichtet werden. Die Geschlechtsfixierung erfolgt etwa im mittleren Abschnitt der Inkubationszeit. Danach ist keine Änderung des Geschlechts mehr möglich. Der Einfluß der Temperatur wirkt sich bei den einzelnen Reptilienarten sehr unterschiedlich aus. Ergebnisse von einer Art sind deshalb nicht auf andere Arten übertragbar.

Eine wichtige Arbeit zu dieser Frage erschien von EENDEBAK 1995. Von 10 erwachsenen *T. hermanni boettgeri* erhielt man in einem Freilandterrarium (Niederlande) 741 Eier, wovon 515 befruchtet waren und 312 Tiere schlüpften. In Übereinstimmung mit unseren Ergebnissen hatten unterschiedliche Inkubatoren keinen Einfluß auf die Schlupfrate. Die Jungtiere wurden an Mitglieder der holländischen Tortoise Assoziation zur Aufzucht und Geschlechtsbestimmung verteilt. Diese war im Alter von 3-4 Jahren bei einer Carapaxlänge von etwa 10 cm

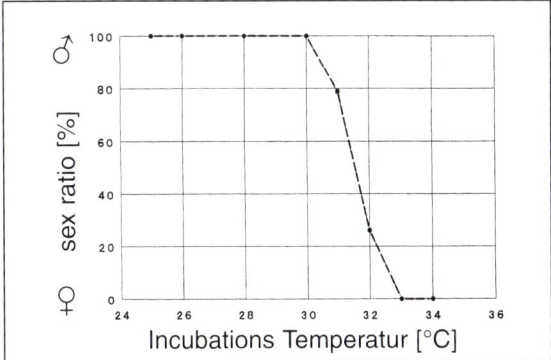

Geschlechtsverhältnis bei *Testudo hermanni boettgeri* als Funktion der Inkubationstemperatur. Die Kurve zeigt das Geschlechtsverhältnis in Prozent der Männchen
Abszisse: Zeitigungstemperatur;
Ordinate: Geschlechtsverhältnis in Prozent der Männchen. Aus EENDEBAK 1995

möglich. Die Eier wurden bei Temperaturen zwischen 25 und 34 °C inkubiert.

Die Mortalitätsrate betrug bei Temperaturen von 20 und 32 °C 26 bis 30%, bei 25 °C, 33 °C und 34 °C 50% und bei Temperaturen von 24 und 25 °C 100%. Bei einer Zeitigungstemperatur von 25 bis 30 °C schlüpften nur männliche Tiere, bei 31 °C 79% und bei 32 °C nur noch 26 % Männchen. Ein Geschlechtsverhältnis von 50% entsteht bei dem Schwellenwert von 31,5 °C. Ein Züchter, der ein Überwiegen der Weibchen wünscht, sollte eine Inkubationstemperatur von 32 °C wählen.

Die Lebenserwartung der Schildkröten

Schildkröten haben von allen Wirbeltieren die größte Lebenserwartung. Deshalb und wegen

Porträt von *Testudo hermanni hermanni*

des Gefährdungsgrades dieser Tiere sollte der ältere Pfleger sich rechtzeitig bemühen, einen sachkundigen Nachfolger zu suchen. In meiner Anlage leben mehrere Tiere, die ihren früheren Besitzer viele Jahre überlegt haben! Daß viele Schildkrötenarten sehr alt weden können, ist meist bekannt, allerdings stammt dieses Wissen nur von Informationen aus der Haltung in Menschenobhut. Über die Lebenserwartung im natürlichen Lebensraum gibt es keine Informationen auf der Grundlage von zuverlässiger Markierung. Angaben über die Lebenszeit von Schildkröten stammen von Zoologischen Gärten oder von Hobbyisten. Allerdings ist es nicht möglich, solche Ergebnisse auf Wildpopulationen zu übertragen, da im Terrarium natürliche, den Tierbestand regulierende Einflüsse entfallen.

Eine Riesenschildkröte (*Testudo gigantea daudinii*) wurde angeblich über 300 Jahre alt. Angaben über eine Lebenserwartung von Riesenschildkröten bis zu 200 Jahren sind in vielen Berichten enthalten. Gesichert ist das Lebensalter einer *Testudo gigantea* von 152 Jahren und das Lebensalter von *Testudo (Asterochelys) radiata* von 189 Jahren bzw. von 137 Jahren. Eine amerikanische Dosenschildkröte wurde 138 Jahre, eine Sumpfschildkröte 120 Jahre und im Zoologischen Garten von Kairo lebte eine *T. graeca* 57 Jahre. In meiner Anlage leben *T. hermanni boettgeri* seit 1953, also seit 43 Jahren. Als die Tiere übernommen wurden, waren sie adult und zeigten Paarungen und Eiablagen. Da die erste Eiablage im Alter von 11 bis 14 Jahren erfolgt, dürfte das Alter der Tiere mindestens 53 Jahre betragen.

ANOMALIEN, MISSBILDUNGEN, ZWILLINGE

Anomalien sind Abweichungen von der normalen Struktur, Form und Funktion außerhalb der artspezifischen Variationsbreite. Da diese Definition auch für Mißbildungen gilt, existieren zwischen Anomalien und Mißbildungen fließende Übergänge. Unter Mißbildungen versteht man schwere Abweichungen von der Norm, die zur Beeinträchtigung der Lebensfähigkeit führen, während bei Anomalien eine solche Beeinträchtigung nicht besteht. Grundsätzlich kommt der Mißbildungsforschung eine wachsende Bedeutung zu, weil durch die Steigerung der industriellen Produktion immer mehr Nebenprodukte an die Umwelt abgegeben werden, die Mißbildungen auslösen können, wenn diese Stoffe während kritischer Entwicklungsperioden auf den Keimling einwirken. Solche umweltbedingten Mißbildungen werden als Phaenopathien, die erblich bedingten als Genopathien bezeichnet. Phaenopathien können durch chemische und physikalische Faktoren, durch Infektionen und durch Störungen im Vitaminhaushalt ausgelöst werden. Ohne Zweifel gibt es ausschließlich erbliche und auch lediglich durch äußere Schädigungen erzeugbare Mißbildungen.

Schon 1978 wurde festgestellt, daß die Mißbildungsrate beim Menschen in den letzten 4 Jahrzehnten eindeutig zugenommen hat. Leider ist es nicht möglich, diesbezüglich über Reptilien gesicherte Angaben zu machen, da mißgebildete Tiere meist nicht schlüpfen.

Im Hinblick auf die zunehmende Chemisierung der Umwelt sollten Zufallsbefunde bei allen Wildtieren sorgfältig untersucht und registriert werden. Das gilt auch für die Schildkrötenzüchter.

Die häufigste Abweichung von der Norm betrifft bei Schildkröten Anzahl, Größe und Form der Hornschilder von Carapax und Plastron. Solche Anomalien ohne Beeinträchtigung der Lebensqualität sind häufig beschrieben worden. Von *T. hermanni boettgeri* wurden bei 27% der untersuchten Tiere (Import und Zucht) Anomalien in zum Teil sehr geringer Ausprägung ermittelt, bei *Caretta caretta* 33% und bei *Malaclemys* 20%. Am häufigsten beobachtete man eine Schildervermehrung, in wenigen Fällen hingegen eine Verminderung.

Die meisten Anomalien betrafen die hintere Körperhälfte. (Vermehrung der Lateralia von 4 auf 5, der Marginalia von 11 auf 12, der Centralia von 5 auf 6 oder 7, Verschmelzung der Centralia mit Lateralia). Bei solchen geringfügigen Veränderungen sowie beim Auftreten akzessorischer Schilder ist die Form des Carapax nicht beeinträchtigt und die Träger solcher Anomalien sind ohne Einschränkung lebensfähig. Akzessorische Schilder wurden meist im hinteren Carapax beobachtet. Betrachtet man hierzu den Carapax fossiler Schildkröten (*Proganochelys*, so fällt die gleiche Lokalisation akzessorischer Schilder auf. Wenn auch für die meisten Schilderanomalien keine Begründung aus der Phylogenese gegeben werden kann, so erinnern die akzessorischen Schilder doch stark an ursprüngliche Zustände. Für einige Formen der Vermehrung der Anzahl der Schilder läßt sich demnach eine Begründung aus der Stammesgeschichte ableiten. Das trifft jedoch für die schräg verlaufende Teilung der Centralia von 5 auf 7 oder 8 Schilder nicht zu, die in unseren Nachzuchten bei *T. hermanni boettgeri* und *T. graeca ibera* seit 1962 einmal aufgetreten ist.

Diese Anomalie konnte bei *T. hermanni boettgeri* auch im natürlichen Lebensraum in Griechenland beobachtet werden. Tiere mit derartigen Schilderanomalien zeigten keine Beeinträchtigung ihrer Lebensfähigkeit.

Ein ganz anderer Sachverhalt liegt vor, wenn hochgradige Schilderanomalien mit Mißbildungen z.B. im Bereich der Beine oder des Kopfes auftreten. In einem Fall waren beide Hinterbeine stummelförmig mißgebildet und das Fußskelett erheblich reduziert. In einem anderen Fall lagen die Centralia 1 u. 2 mit den Lateralia verschmolzen vor. Nur Centralia 3 war als isoliertes Schild vorhanden. Die Lateralia waren auf 8 bis 9 Schilder vermehrt und standen in der Mitte in Kontakt, weil die Centralia fehlten. Dieser Mißbildungstypus, der zum Absterben der Embryonen führte, konnte von einem Muttertier in 3 aufeinanderfolgenden Jahren registriert werden. In allen Fällen konnte ich eine Reduktion von Zehen und Phalangen feststellen. Andere schwere Mißbildungen beobachtete ich in einem Beobachtungszeitraum von 40 Jahren nicht.

Testudo hermanni mit 7 und *Testudo graeca* mit 9 Zentralschildern

Testudo horsfieldi mit nur 4 Centralia und *T. graeca* mit einem akzessorischen Zentralschild

Die Ursache von Schilderanomalien ist noch nicht eindeutig geklärt. Bei Meeresschildkröten sollen die größer werdenden Embryonen zu Druckeinwirkungen auf anliegende Eier führen und dadurch Anomalien verursachen. Daß unphysiologische Druckeinwirkungen während der Embryonalentwicklung zu Mißbildungen führen, wurde auch experimentell nachgewiesen. Schließlich können auch entzündliche Prozesse zu Schilderanomalien führen, da beim Öffnen der Eier Entzündungserscheinungen sichtbasr waren. Ferner wurde angenommen, daß ein Drehen der Eier während der Embryonalentwicklung zur Schilderanomalie führt. Diese Annahme ließ sich allerdings durch Drehversuche mit Eiern von *Sternotherus oderaturs* widerlegen. Bis auf ein vollkommen deformiertes Tier schlüpften aus allen gedrehten Eiern normale Tiere.

In einem Zeitraum von 40 Jahren konnten unter 1525 geschlüpften Tieren keine Zwillinge beobachtet werden. Zwillingsbildungen wurden jedoch mehrfach nachgewiesen. So wurden eineiige Zwillinge von einer Kreuzung der Ost- und Westrasse der Griechischen Landschildkröte beschrieben. Die unterschiedlich großen Zwillinge vedoppelten ihr Gewicht innerhalb

Testudo hermanni boettgeri; **10 Monate 150 g, mit Vermehrung der Centralia von 5 auf 7; im Vergleich zu Tieren gleichen Alters und ohne Anomalien zeigt dieses Tier mit Schilderanomalie keine Minderung des Wachstums.**

von 3 Wochen. Über eineiige Zwillinge von *T. hermanni boettgeri* und *T. graeca ibera* wurde berichtet. Bei *T. marginata* beobachtete man drei Zwillingspaare. Ein Zwillingspaar war vollständig entwickelt aber im Ei abgestorben. Das zweite öffnete selbständig die Schale. Das schwächere Tier starb nach 180 Tagen. Das ungleichmäßig entwickelte dritte Zwillingspaar schlüpfte spontan, wovon das größere Tier 10 Tage lebte und das kleinere Tier nicht lebensfähig war (HEIMANN).

Auch über Siamesische Zwillinge bei Schildkröten liegen Berichte vor. Das Zwillingspaar von *T. (A.) horsfieldi* zeigte die stärkste Verwachsung in der hinteren, die schwächste in der vorderen Körperhälfte. Beide Köpfe und beide Vorderbeine waren gut entwickelt, so daß vier Vorderbeine vorhanden waren und auch genutzt wurden. Abschließend soll noch erwähnt werden, daß bei Schildkröten relativ selten Albinos vorkommen. So ist eine vollständig albinotische Griechische Landschildkröte bekannt, deren Augenhintergrund unpigmentiert war, so daß die Augen rot erschienen. Diese sehr seltene Landschildkröte stammte aus der Umgebung von Sarajewo (WERMUTH).

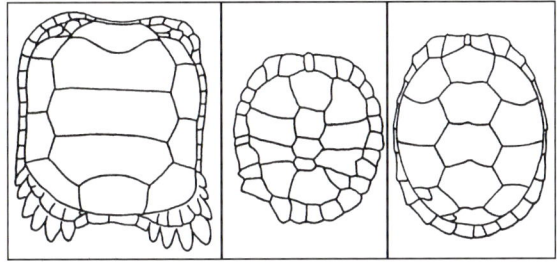

Links: Carapax von Proganochelys BAUR 1887. KEUPER, Württemberg. Ausbildung von Supramarginalschildern vorn und hinten. Nach FRAAS.

Mitte: Carapax von Testudo hermanni boettgeri mit starken Schilderanomalien

Rechts: Carapax von Terrapene mexicana (GRAY) mit zwei Supramarginalschildern

GIBT ES SCHILDKRÖTENBASTARDE?

Das Ziel der Terraristik ist die Arterhaltung. Deshalb ist die beabsichtigte Zucht von Hybriden zwischen Arten und Unterarten abzulehnen. Bei der Haltung mehrerer Arten in einem Terrarium kommt es jedoch mitunter unbeabsichtigt zur Bastardbildung! (*T. marginata x T. graeca ibera; x Geochelone radiata x Geochelone carbonaria; T. hermanni hermanni x T. hermanni boettgeri; T. graeca ibera x T. graeca terrestris; T. graeca ibera x T. graeca zarudnyi*). Die Gefahr einer Bastardierung bei Gemeinschaftshaltung ist umso größer, je kleiner die Anlage ist. In kleineren Anlagen sind weniger Versteckmöglichkeiten gegeben, so daß sich die Weibchen nur ungenügend vor aufdringlichen Paarungsversuchen der Männchen verbergen können. Stehen den Männchen nur wenige Weibchen zur Verfügung, so erhöht sich die Wahrscheinlichkeit einer Mischverpaarung.

Jüngere Arten, die sich erst von einer gemeinsamen Stammart abspalten, zeigen auch in der Natur häufiger Bastarde, weil deren genetische Isolationsmechanismen noch unvollkommen sind. Wenn Arten seit sehr langer Zeit im gemeinsamen Lebensraum existieren, haben sich jedoch wirksame Isolationsmechanismen entwickelt. Deshalb ließen sich eindeutige Bastarde zwischen *T. hermanni boettgeri* und *T. graeca ibera* bisher noch nicht nachweisen. Wenn bei Vergesellschaftung verschiedener Arten von Landschildkröten unter den Nachzuchttieren keine Bastarde auftreten, darf man nicht schließen, daß eine Gemeinschaftshaltung nicht zur Bastardierung führt. In diesem Zusammenhang ist die Beobachtung von HEIMANN von Bedeutung, der 4 Jahre *T. graeca ibera* und *T. hermanni boettgeri* im Freilandterrarium pflegte. Bei *T. graeca* kamen nur 48 % bei *T. hermanni* nur 37 % der Eier zur Entwicklung. Bei anschließender Einzelhaltung der beiden Arten zeigten dagegen 93 % bzw. 92 % aller Eier sich entwickelnde Embryonen. Man

Kreuzungsprodukt (oben) zwischen *T. hermanni boettgeri* und *T. (A.) horsfieldi* im Alter von 10 Monaten. Der Bastard zeigt ein Pigmentmuster von *T. hermanni* obwohl das Ei von einer *T. (A.) horsfieldi* gelegt wurde; unten vergleichsweise *T. hermanni boettgeri* links und *T. (A.) horsfieldi* rechts.

vermutet hier artfremde Befruchtungen, die zu einem Absterben der Embryonen im sehr frühen Entwicklungsstadium führen. Eine große Zahl unbefruchteter Eier kann so nur vorgetäuscht sein, weil sehr frühe Embryonalstadien makroskopisch oft übersehen werden.

Bei den in 4 Jahrzehnten in unserem großen Freilandterrarium lebenden Griechischen und Maurischen Landschildkröten und Vierzehenschildkröten haben wir niemals zwischen beiden erstgenannten Arten Paarungsversuche und Kopulationen beobachtet. Dagegen waren diese häufig zwischen Männchen von T. (A.) horsfieldi und Weibchen von T. hermanni zu sehen. Beide Arten kommen im natürlichen Lebensraum niemals gemeinsam vor, so daß sich keine Isolationsmechanismen entwikelt haben. Aus dieser Sicht ist eine Bastardierung zwischen diesen Arten zu erwarten. So schlüpften aus einem Gelege von 4 Eiern einer T. (A.) horsfieldi (1570g) zwei Bastarde (T. hermanni boettgeri x T. (A.) horsfieldi) während zwei Embryonen abstarben. Das Kreuzungsprodukt wog im Alter von 10 Monaten 270 g im Vergleich zu einer T. hermanni boettgeri gleichen Alters 196 g und einer in Menschenobhut geschlüpften T. (A.) horsfieldi im Alter von 12 Jahren 490 g. Die dunkle Pigmentierung der Hornschilder befindet sich bei T. hermanni im vorderen Bereich und reicht bis zur Vordergrenze der Schilder während bei T. (A.) horsfieldi eine zentral gelegene dunkle Pigmentierung vorhanden ist. Der hier abgebildete Bastard ist der Art T. hermanni boettgeri ähnlicher als T. (A.) horsfieldi, obwohl das Muttertier eine Vierzehenschildkröte war. Rückschlüsse auf den Verwandschaftsgrad von Organismen sind unter anderem auf der Grundlage ihrer Kreuzbarkeit möglich. In dieser Hinsicht ist die beschriebene Bastardierung zwischen T. hermanni boettgeri und T. (A.) horsfieldi von Interesse. Bisher sind nämlich bei Schildkröten keine Gattungsbastarde bekannt geworden, so daß sich die Frage stellt, ob bei den am Kreuzungsprodukt beteiligten Arten wirklich zwei Gattungen vorliegen. Deshalb fassen einige Herpetologen die Kategorie Testudo und Agrionemys nicht als eigene Gattung sondern höchstens als Untergattung auf.

ÜBERWINTERUNG

Die Winterruhe europäischer Landschildkröten einschließlich *T. (A.) horsfieldi* in Form einer Periode ohne Nahrungsaufnahme bei Temperaturen zwischen 4° C und 8° C und bei Immobilität gehört zum normalen seit Jahrtausenden bestehenden Lebensrhythmus. Die Reifung der Geschlechtszellen (Spermiogenese, Oogenese) ist diesem Lebensrhythmus angepaßt. Deshalb erwies sich für erfolgreiche Zuchtversuche eine Winterruhe als äußerst günstig. Im Freilandterrarium stellen die Tiere Ende August und im September die Nahrungsaufnahme ein und bis Ende September kommt es zu einer geringen Gewichtsabnahme, die während der Winterruhe 5 bis 20 % des Körpergewichtes betragen kann. Durch monatliche Bestimmung der Carapaxhöhe und Breite sowie Berechnung des Höhen-Breiten-Index läßt sich der Einfluß der Winterruhe auf das Panzerwachstum ermitteln. Bei der Aufzucht von Jungtieren kommt es nach einer Winterruhe von 2 Monaten im ersten Jahr und von 5 Monaten im zweiten Jahr zu einem steilen Anstieg der Werte der Panzerhöhe im Verhältnis zur Breite.

Auch das Körpergewicht ist von der Winterruhe abhängig. Wird den Jungtieren während der Aufzucht im 2. und 3. Jahr eine Winterruhe von 5 bis 6 Monaten gewährt, so kommt es danach zu einer raschen Zunahme des Körpergewichtes, die bei verkürzter Winterruhe von 2

Monaten nicht eintritt. Die erste Überwinterung kann auch ohne Nachteile warm erfolgen. Alle Angaben gelten nur für gesunde, sich normal entwickelnde Tiere. Kranke Schilkröten müssen stets warm im Zimmerterrarium überwintert werden. Für eine erfolgreiche Überwinterung im Freiland oder in einem frostfreien Raum sollte das Körpergewicht anfang Mai und Ende August ermittelt werden. Wird keine Gewichtszunahme während der Sommermonate festgestellt, sollte eine Überwinterung im warmen Zimmerterrarium bei gleichzeitiger Untersuchung des Tieres auf eine Erkrankung erfolgen.

Freilandüberwinterung

Tiere im Freiland benötigen keine Maßnahmen zur Vorbereitung der Winterruhe. Die Tiere genießen im September und je nach Temperatur auch noch im Oktober die wärmende Herbstsonne und stellen die Nahrungsaufnahme vollständig ein. Die in diesen Monaten noch auffindbaren Kothäufchen deuten darauf hin, daß es während der warmen Herbsttage zu einer vollständigen Darmentleerung kommt - eine wichtige Voraussetzung für eine erfolgreiche Überwinterung. Zur Freilandüberwinterung haben sich die oben erwähnten Schutzhäuser mit einer Grundfläche von je 1,4 qm bewährt. Der Boden besteht aus einem 40 cm tiefen Gemisch aus Häcksel, Heu, Laub und lockerer Erde. Europäische Landschildkröten vergraben sich im Substrat unter den Schutzhäusern. Ende Oktober überprüfe ich die Lage der Tiere in den Häusern und verteile diese, falls erforderlich, etwa gleichmäßig auf beide Häuser. Tief im Substrat eingegrabene Tiere erhalten eine kleine Menge Heu vor dem Kopfbereich, um die stark reduzierten Atmungsvorgänge zu erleichtern. Durch die Einwirkung der Umgebung der Häuser ist das Substrat meist leicht feucht, obwohl die Häuser von einem breiten Heu-Laubgemisch (etwa 60 cm Durchmesser) umgeben sind. Für sehr feuchte Winter ist eine wasserfeste Abdeckung der Häuser zusammen mit einem Heu-Laubmantel zu empfehlen. Im Berliner Klima hat sich diese Form der Freilandü-

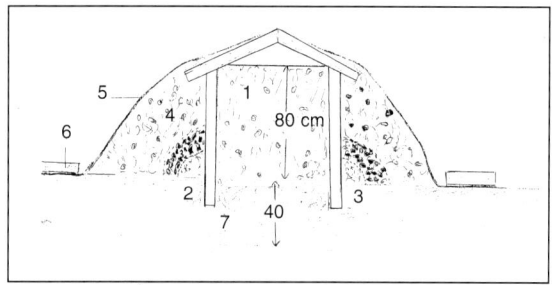

Überwinterungseinrichtung im Freilandterrarium
1. **Laub- und Heu-Gemisch**
2. **Heumantel für erste Nachtfröste**
3. **Schicht von Laub bei zunehmenden Nachtfrösten**
4. **Heu- Laub-Gemisch**
5. **Abdeckung wasserdicht**
6. **Befestigung mit Ziegelsteinen**
7. **Gemisch von Häcksel, Heu, Laub und lockerer Erde**

Schildkrötenhäuser mit Winterschutz

Neben Heu und Laub sorgt eine dicke Schneedecke für zusätzlichen Schutz.

berwinterung bewährt. *T. hermanni boettgeri* und *T. graeca ibera* suchen im Herbst mit sehr seltenen Ausnahmen die Schutzhäuser selbständig auf. Leider verhalten sich manche *T. (A.) horsfieldi* anders und vergraben sich außerhalb der Schutzhäuser. Dabei stellte ich fest, daß sich manche Tiere nur 15 bis 20 cm eingraben und dann in strengen Wintern der Kälte zum Opfer fallen. Solche flach eingegrabenen Tiere können jedoch milde Winter überstehen. Andere Vierzehenschildkröten vergraben sich sehr tief und sind bei der Herbstkontrolle nicht zu finden. Im Frühjahr gehören sie jedoch zu den ersten Tieren, die sich sonnen. Da sich einige Individuen sehr flach vergraben, ist für *T. (A.) horsfieldi* eine Freilandüberwinterung nicht zu empfehlen und auch *T. marginata* sollte in einem Keller frostfrei überwintert werden. Für *T. hermanni boettgeri* und *T. graeca ibera* hat die Frei-

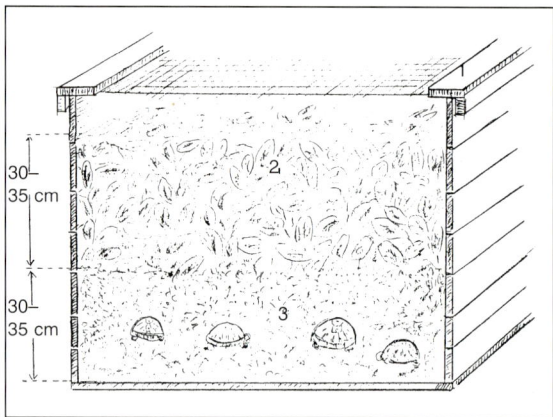

Überwinterungskiste für Landschildkröten
1 Deckel mit Drahtgeflecht
2 Dürres Laub (Buche, Linde Ulme)
3 Lockere Erde

Schutzhaus mit Laubmantel

landüberwinterung Vorteile, weil in der nach unten und seitlich offenen Bodenfüllung der Schutzhäuser eine weitgehend konstante Temperatur und Feuchtigkeit besteht. Plötzliche Veränderungen der Außentemperatur wirken sich nur sehr langsam auf die in den Schutzhäusern ruhenden Tiere aus. Ferner entfallen die Schwierigkeiten bei der Suche eines kühlen, aber frostfreien Überwinterungsplatzes im Hause. Ein Nachteil der Freilandüberwinterung ist die fehlende Kontrollmöglichkeit während der Winterruhe.

Kellerüberwinterung

T. hermanni hermanni und *T. graeca graeca* sowie alle Nordafrikanischen Arten sind für eine Freilandüberwinterung völlig ungeeignet. Auch

alle kranken Tiere und solche, die in der Überwinterungskiste trotz optimaler Temperatur von 4 - 8° und keine Ruhe finden und sich durch ständiges Kratzen bemerkbar machen und aus dem Substrat hervorkommen, müssen im Zimmerterrarium warm überwintert werden. Tiere, die von der Freilandanlage zur Kellerüberwinterung gebracht werden sollen, verbleiben bis Ende Oktober im Freiland. Sie haben sich zu diesem Zeitpunkt unter dem Heu des Schutzhauses flach eingegraben. Sie lassen sich in der lockeren Erde leicht ertasten und sollten zur Erhaltung einer konstanten Temperatur mit etwas Substrat des Schutzhauses in die Überwinterungskiste gebracht werden. Einige Terrarianer bereiten ihre Schildkröten aus dem Freiland für die Kellerüberwinterung vor, indem sie die Tiere zur Darmentleerung eine Woche warm halten und mehrmals warm baden.

Eine verkürzte Winterruhe von 4 Monaten ist bei Jungtieren möglich, indem man die Überwinterungstemperatur im zeitigen Frühjahr allmählich anhebt, so daß die Tiere langsam erwachen und in ein Zimmerterrarium überführt werden können, bis der Freilandaufenthalt möglich ist. Ich bevorzuge allerdings zur Verlängerung der Aktivitätsperiode eine Terrarienhaltung vom Herbst bis Dezember/Januar, weil in dieser Zeit noch Löwenzahn, Klee, Fetthenne und Sauerampfer zur Verfügung stehen und man nicht ausschließlich auf Gewächshausprodukte angewiesen ist.

Wenn Schildkröten zur Verlängerung der Aktivitätsperiode ab September im Zimmerterrarium gehalten werden, sollte dem Übergang etwa ab Dezember größte Sorgfalt gewidmet werden, indem man das Verhalten der Tiere im Freiland nachahmt. Zu diesem Zweck benutzt man eine Kiste für die Überwinterungsvorbereitung. Diese wird in einen Raum gestellt, in dem eine langsame Temperatursenkung möglich ist. Zunächst bietet man einige Tage lang die gleiche Temperatur wie im Zimmerterrarium an. Dazu dient beispielsweise eine Wärmelampe. Die Tiere erhalten jedoch kein Futter. Wichtig ist ein tägliches Warmbad zur Darmentleerung. Danach wärmen sich die Schildkröten unter dem Wärmestrahler ohne Futterangebot. Bei Ausschaltung der Wärmequelle verkriechen sie sich im Laub. Diese Übergangsperiode ohne Futter mit Wärmelampe und langsamer Temperatursenkung von 20 auf 10 °C dauert etwa 10 Tage. Kommen die Tiere trotz Wärmelampe nicht mehr aus dem Laub hervor, so erfolgt die Überführung in eine Überwinterungskiste.

Als günstig erwies sich die Überwinterung in einer Holzkiste, die mit einer Drahtgeflechtabdeckung gegen Nagetierfraß versehen ist. Der Boden enthält eine Schicht lockere Erde und darüber eine Laubschicht. Erde und Laub werden leicht feucht gehalten. Geschädigte Tiere verlassen während der Überwinterung die Erdschicht und liegen bei Kontrollen plötzlich auf dem Laub. Sie müssen in ein warmes Zimmerterrarium überführt werden. Die Überwinterungstemperatur beträgt 3 - 6 °C (8 °C). Sobald die Temperatur auf 10 - 12 °C steigt, verlassen manche Schildkröten das Substrat und finden erst wieder Ruhe bei Temperatursenkung auf 3 - 6 °C.

In letzter Zeit wurde auch über erfolgreiche Überwinterung im Kühlschrank berichtet. Die Reptilien überwintern in mit Torfmoss oder Laub gefüllten Pappkästchen. Das Substrat wird alle 4 Wochen angefeuchtet. Für einen größeren Bestand an adulten Schildkröten ist diese Überwinterung jedoch nicht geeignet.

WIE UND WO
ERWIRBT MAN LANDSCHILDKRÖTEN?

Bevor man sich entschließt, Landschildkröten in seine Obhut zu nehmen, sollte man zunächst durch Studium der Fachliteratur über die Haltungsbedingungen der Tiere Kenntnisse erwerben. Besonders günstig ist ferner, den Kontakt zu erfahrenen Schildkrötenpflegern zu suchen. Ist man nach diesen Informationen noch immer bereit, Zeit und Mühe für eine der Biologie dieser Reptilien entsprechen Pflege der Tiere aufzubringen, müssen zunächst die genannten Unterbringungsmöglichkeiten geschaffen werden. Da Landschildkröten nach dem Washingtoner Artenschutzabkommen und nach der Bundesartenschutzverordnung zu den besonders geschützten Formen gehören, ist der rechtmäßige Besitz der Tiere durch eine CITES-Bescheinigung nachzuweisen, die mit Erwerb der Tiere zu übergeben ist. Ohne diese Bescheinigung dürfen Tiere weder gekauft, noch verkauft oder verschenkt werden. Beim Kauf der Tiere sollte man versuchen, eine Gruppe von einem Männchen und zwei bis drei Weibchen zusammenzustellen. Man informiere sich über die wissenschaftliche und deutsche Bezeichnung, über die Herkunft der Tiere und über die bisherigen Haltungsbedingungen einschließlich Ernährung. Der ernsthafte Liebhaber dieser Tiere sollte sich deshalb der Deutschen Gesellschaft für Herpetologie und Terrarienkunde e.V. (DGHT) anschließen. Diese Gesellschaft stellt den Mitgliedern neben zwei Fachzeitschriften ein Anzeigenjournal (4 Hefte/Jahr) zur Verfügung, in denen reichlich Angebote zu finden sind.

Testudo graeca ibera - **ein älteres Tier mit dunkler Carapaxzeichnung**

Wenige Wochen alte Jungtiere von *Testudo hermanni boettgeri*, *Testudo graeca ibera* und *Testudo (A.) horsfieldi*. Letztere erkennt man an dem runden Carapax, der strichförmige Reliefstrukturen erkennen läßt. *T. hermanni boettgeri* fleckenförmige Pigmentmuster unterschiedlicher Größe und Form. Jungtiere von *T. graeca ibera* lassen sich leicht an kommaförmigen Pigmentierungen im Bereiche der Lateralia erkennen. Diese verlaufen parallel der Körperlängsachse der Tiere.

Beim Kauf von Schildkröten sollte eine Überprüfung des Gesundheitszustandes der Tiere erfolgen. Sie müssen ein ihrer Größe entsprechendes Gewicht aufweisen. Von mehreren etwa gleich großen Tieren wählt man das schwerste. Man achte auf einen festen, unbeschädigten Panzer, bei dem sich keine Hornschilder ablösen. Beim Aufheben müssen sich die Tiere kräftig wehren, wenn sie aus einem warmen Terrarium genommen werden. Nase und Mundregion sollten trocken sein, d.h. ohne Schleimaustritt und ohne Bläschenbildung. Beim Atmen des Tieres dürfen keine Pfeifgeräusche zu hören sein. Die Haut sollte keine Entzündungserscheinungen und keine Parasiten aufweisen. Die Augen müssen klar und deutlich hervortreten, dürfen also nicht eingesunken sein. Will man neu erworbene Tiere zu einem bereits vorhandenen Bestand setzen, ist vorher die Unterbringung in einem Quarantäneterrarium erforderlich. Kotproben, die man vom Tierarzt auf Parasitenbefall untersuchen läßt, sollten von drei aufeinander folgenden Tagen stammen, wobei spezielle Behälter mit einem Löffelchen zu verwenden sind, die man von Tierärzten erhalten kann. Nur parasitenfreie Tiere dürfen zu einem vorhandenen Bestand gesetzt werden.

WENN DIE SCHILDKRÖTEN ERKRANKEN

Vorbeugen ist besser als heilen! Dieser Satz gilt selbstverständlich uneingeschränkt auch für Schildkröten. Die beste Prophylaxe ist eine biologische Haltung, das heißt, eine Betreuung, die den Verhältnissen in den Heimatländern der Tiere möglichst nahe kommt. Ferner sollte jeder Schildkrötenpfleger ein Quarantäne-Terrarium zur Verfügung haben, um Neuzugänge mindestens 2 Monate vor Eingliederung in den Tierbestand zu beobachten. Die Unterbringung in einem solchen Terrarium ist erforderlich, weil Schildkröten nicht selten Träger von Krankheitserregern sind, ohne Symptome von Krankheiten zu zeigen. Sind Kotproben negativ, zeigen die Schildkröten normale Futteraufnahme und haben weder wäßrige Augen noch Nasensekret mit Atemgeräuschen, dann können sie den bereits vorhandenen Tieren zugesellt werden. Grundsätzlich kann zu Beginn einer Erkrankung zunächst versucht werden, durch Steigerung der Haltungstemperatur, Rotlicht-

Bestrahlung und warme Bäder eine Besserung zu erreichen. Tritt diese nicht ein, sollte ein Tierarzt aufgesucht werden, der durch Anwendung bestimmter Untersuchungsmethoden die richtige Diagnose stellen kann. Ein Tierarztbesuch ist auch deshalb erforderlich, weil viele der wirksamen Medikamente rezeptpflichtig sind. Das trifft z.B. zu für Maßnahmen zur künstlich induzierten Eiablage bei Schildkröten mit Oxytocin (Rp.).

Wenn Tiere in der Freianlage die Ablageplätze nicht annehmen, oder durch Kälteeinbrüche an der Ablage gehindert werden, kann es bei längerem Andauern zur echten Legenot kommen. Solche Schildkröten sind auffällig unruhig und heben mehrfach Gruben aus, ohne abzulegen. Zur Vorbereitung der mit Oxytocin induzierten Eiablage werden die Tiere in ein Wasserbad von 32 - 35° C gesetzt. Die Mindestmenge zur künstlich ausgelösten Eiablage beträgt 1 IE/100 g Körpergewicht. Oxytocin

Testudo graeca ibera mit kleiner Zecke am Hals.

wird subcutan oder instramuskulär durch einen Tierarzt gespritzt. Dieser stellt fest, ob eine primäre Wehenschwäche oder ein Mißverhältnis zwischen Eigröße und Geburtskanal vorliegt. Im ersten Fall ist die Anwendung von Oxytocin die Methode der Wahl. Im zweiten Fall sind zusätzliche Maßnahmen erforderlich.

Ektoparasiten. Zu den auf der Haut von Schildkröten lebenden Parasiten gehören Milben und Zecken. Erstere sind seltener und als etwa 1 mm große bewegliche Pünktchen unterschiedlicher Färbung zu erkennen. Am schonendsten ist eine gründliche Entfernung der Milben mit der Pinzette, so daß auf chemische Mittel (Neguvon-Lösung 2%, Rp.) verzichtet werden kann. Die ebenfalls zu den Spinnentieren gehörenden Zecken können nach Blutaufnahme einen Durchmesser bis 2 cm erreichen. Sie sitzen in Weichteilfalten von Hals und Beinen und lassen sich mit einer guten, tief angesetzten Pinzette vorsichtig mit Kopf herausdrehen. Es wird auch ein mehrmaliges Bestreichen der Zecken mit Öl oder Äther empfohlen, um sie nach einer Einwirkungszeit von einigen Minuten leichter herausziehen zu können (Notfalls Tierarzt konsultieren). Bleibt der Kopf zurück, entstehen lokale Entzündungen. Während Zecken beim Menschen gefährliche Krankheiten übertragen, ist das bei Schildkröten bisher nicht nachgewiesen.

Eine Zecke, *Hyalomma aegyptium,* an *Testudo graeca ibera*

Kleine Verletzungen, die z.B. bei Rivalitätskämpfen entstehen können, müssen von Verschmutzungen befreit werden. Meist erfolgt eine Heilung ohne Behandlung. Bei Verletzungen mit Entzündungserscheinungen kann mit Betaisodona-Lösungen (Mundipharma) und bei schlecht heilenden Wunden mit Unguento-

lan Wund- und Heilsalbe (Heyl) behandelt werden. Größere Verletzungen mit erforderlich werdender chirurgischer Versorgung sind sofort dem Tierarzt vorzustellen. Kommt es nach Verletzungen zur Abszeß-Bildung, so sind konservative Maßnahmen fast immer ohne Erfolg, und nur chirurgische Behandlungen helfen weiter.

Pilzerkrankungen bei Hornschildern zeigen sich als helle lufthaltige Stellen mit Ablösung kleiner Abschnitte. Solche Defekte entstehen oft nach mechanischer Schädigung der Hornschilder z.B. durch sehr aktive Rammstöße der Männchen. Zur Behandlung von Pilzerkrankungen der Hornschilder hat sich bei mir das Antimykotikum Tolnaftat-Spray Rp.) bewährt. Gelegentliche Panzerpflege mit Schildkrötenglanz oder leichtes Einölen mit Vitadral-Tropfen vermindert Defekte der Hornschilder und dient der Panzerpflege.

Höckerbildung bei Landschildkröten ist die Folge nicht ausreichender Kalkzufuhr mit ungenügender oder fehlender UV-Bestrahlung und dadurch Mangel an Vitamin D_3. Im Bereich der Centralia und Lateralia kommt es durch mangelhafte Verkalkung der unter den Hornschildern gelegenen Knochensubstanz zu einer Volumenzunahme, weil der Körper versucht, durch mehr Masse die geringere Festigkeit auszugleichen. In dieser Knochensubstanz befinden sich mehrere Hohlräume als Zeichen ausgebliebener Verkalkung. Für die normale Knochenentwicklung sind Calcium und Phosphor erforderlich, die durch das wirksame Vita-

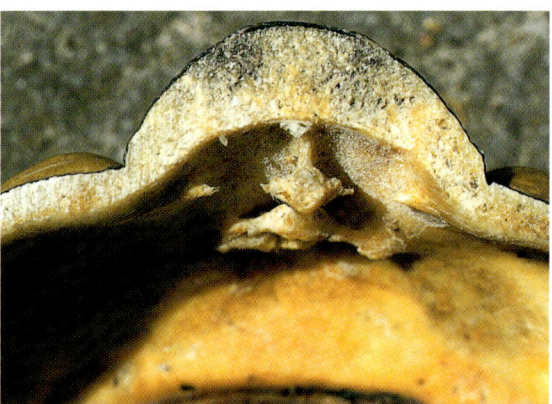

Querschnitt durch den Carapax einer adulten *Testudo hermanni boettgeri* mit Höckerbildung. Die kleinen Hohlräume in diesem Bereich enthalten keine Knochensubstanz, deshalb versucht der Körper, die geringe Festigkeit durch mehr Masse auszugleichen.

min D$_3$ in die Knochensubstanz eingebaut werden. Mit der Nahrung aufgenommene Vorstufen (Provitamine) werden durch UV-Strahlung zum Vitamin D$_3$ aktiviert. Deshalb ist zur Vermeidung rachitischer Erscheinungen bei Tieren, die in den Wintermonaten im geheizten Terrarium leben, eine UV-Bestrahlung erforderlich. (Bei Ultra-Vitalux-Strahler, Mindestabstand 70 cm! Steigende Bestrahlungsdauer von 2, 4, 6, 8, 10 Minuten täglich. Danach zwei mal 10 Minuten pro Woche). Es ist ratsam, die Augen der Tiere durch einen am Carapax befestigten Schutz zu bedecken.

Die Verhinderung der Höckerbildung hängt jedoch nicht nur von einer ausreichenden UV-Bestrahlung ab. HEIMANN bot Jungtieren europäischer Landschildkröten ohne Winterruhe im Zimmerterrarium bei ausreichender UV-Bestrahlung unterschiedliche Lebensbedingungen. Die erste Gruppe erhielt besonders nahrhaftes Futter mit Herzfleisch, Haferfloken, Mehrwürmern und geschabten Früchten mit Traubenzucker. Diese Tiere zeigten ein starkes Wachstum und zugleich die ausgeprägteste Höckerbildung. Die zweite Gruppe erhielt natürliches Futter mit mehr Balaststoffen. Bei dieser Gruppe kam es zu einer geringeren Höckerbildung. In einer dritten Gruppe wurden hin und wieder Tage ohne Beheizung und ohne Futter eingeschaltet. Diese Tiere zeigten keinerlei Höckerbildung. Die Gewährung mehrerer Ruhetage entspricht den natürlichen Lebensbedingungen mit witterungsbedingten Pausen der Nahrungsaufnahme. Allerdings gibt es artspezifische Unterschiede. Bei *T. hermanni* kommt es am leichtesten zur Höckerbildung, geringer bei *T. graeca* und am wenigsten bei *T. (A.) horsfieldi*. Bei den von uns aufgezogenen *T. marginata* war die Höckerbildung ebenfalls gering.

Im Gegensatz zur rachitischen Panzererweichung sollte eine geringe Höckerbildung nicht alszu dramatisch beurteilt werden! Denn erwachsene Tiere haben trotz Höckerbildung in den ersten Lebensjahren einen festen Panzer und bringen gute Nachzuchtergebnisse. Außerdem kommen Höcker auch bei Tieren im natürlichen Lebensraum vor. Schließlich existieren Schildkrötenarten, bei denen starke Höckerbildung eine normale Erscheinung ist (z.B. *Geochelone elegans, Psammobates tentorius*).

Endoparasiten bei Schildkröten werden etwa durch Oxyuren und Askariden repräsen-

Schnabelbildung bei *Testudo hermanni boettgeri* **als Folge von Rachitis**

tiert. Oxyuren (Madenwürmer) sind 2 - 8 mm lange, weiße Parasiten, die im Endabschnitt des Darmes leben. Einzelne Oxyuren schädigen die Wirtstiere nicht, jedoch ist ein Massenbefall bedenklich und kann sogar zum Darmverschluß führen. Die Behandlung erfolgt mit Molevac (Parke-Davis) 1 ml pro kg Körpergewicht. Bei Spulwurmbefall (Ascaris) hat sich Panacur-Rp (Höchst) 20 - 50 mg pro kg Körpergewicht und bei Bandwurmbefall Droncit (Bayer) 25 mg pro kg Körpergewicht bewährt. Diese Präparate oder ein entsprechendes Rezept sind vom Tierarzt erhältlich, der auch je nach seiner Erfahrung über andere Präparate verfügt und nach der Behandlung eine Kotuntersuchung veranlaßt.

Einzeller (Amöben) können zu schweren Erkrankungen führen. Mit dem Erreger *Entamoeba invadens* infizierte Tiere fressen zunächst schlecht und stellen später die Nahrungsaufnahme vollständig ein. Sie trinken viel und zeigen wenig Bewegungsaktivität. Schließlich kann es zu einer schweren Darmentzündung (Enteritis) mit blutigen Druchfällen kommen. Bei Verdacht sollte frühzeitig eine Untersuchung auf Amöben erfolgen, die ein Tierarzt vornimmt. Zur tierärztlichen Behandlung eignet sich das Präparat Clont-Rp. (Bayer). Es ist wichtig zu wissen, daß auch klinisch völlig gesund erscheinende Tiere Amöbenträger sein können. Beim Nachweis von Amöben durch Kotuntersuchungen eines Individuums muß der gesamte Tierbestand untersucht und bei positiven Befunden behandelt werden.

Bakterien kommen im Darm von Schildkröten in mehreren Arten vor, die bei Schwächung (längerer Transport, Winterruhe) zu krankhaften Erscheinungen führen können.

Besonders zu erwähnen sind Salmonellen, die sich bei 60 % aller Reptilien nachweisen lassen und die bei Schildkröten zu Durchfällen führen können. Hinsichtlich der Übertragung von Salmonellen auf den Menschen sei betont, daß von den jährlich mehr als 50000 Salmonellen-Erkrankungen des Menschen nur sehr wenig von Reptilien ausgehen. Die Übertragung auf den Menschen gehört zu den sehr seltenen Ausnahmen (FRANKE). Diese Kenntnis entbindet den Pfleger selbstverständlich nicht, auf die Einhaltung hygienischer Normen zu achten.

Erkrankungen des Atmungssystems mit Nahrungsverweigerung, feuchter Nase mit Bläschenbildung und Atemgeräuschen kann man während der Anfangsphase zunächst versuchen, durch Steigerung der Haltungstemperatur, Rotlichtbestrahlung (3 mal 10 Minuten täglich) und durch Warmbäder mit Kamillenaufguß zu heilen. Tritt in wenigen Tagen keine Verbesserung ein, so ist ein Tierarzt zur Behandlung mit einem Breitband-Antibiotikum aufzusuchen. Im Zusammenhang mit einer Erkältung oder nach der Winterruhe können Entzündungen im Bereich der Augen (Bindehaut) auftreten. Hier hat sich bei mir eine Behandlung mit Oxytetracyclin-Prednisolon-Augensalbe-Rp (Jenafarm) bewährt, doch auch Turtle Eye Clear schafft Abhilfe.

Es würde zu weit führen, alle Krankheitsbilder darzustellen. Außerdem existieren gute Bücher hierzu und ein Gang zum Tierarzt ist jederzeit möglich.

Allerdings auf eine alle Schildkrötenfreunde aufregende Meldung über ein „grassierendes Schildkrötensterben" oder über Berichte vom „Massensterben Griechischer Landschildkröten" muß noch eingegangen werden. So berichten einige Autoren von einem Bestand von 130 Griechischen Landschildkröten und Vierzehenschildkröten, der innerhalb von 3 Monaten durch eine sich schnell ausbreitende Schildkrötenseuche auf 50% dezimiert wurde. Die Krankheit beginnt mit Futterverweigerung, Nasensekret (zuerst wäßrig dann dickflüssig gelb), Schleim im Mundboden und auf der Zunge mit käsigen Belegen und schwerer Atemnot. Der Sektionsbefund ergab dicke Belege im oberen Verdauungstrakt, Vergrößerung der Leber und Darmentzündung (Enteritis). Durch elektronenmikroskopische Untersuchungen gelang der Nachweis von Herpesviren als Erreger dieser Krankheit. Leider gibt es gegen Viru-

serkrankungen keine spezifische Therapie. Bei Krankheitsverdacht sind die Tiere sofort zu isolieren und die Haltungstemperatur ist zu erhöhen. Der Tierarzt wird zur Bekämpfung von Sekundärinfektionen Antibiotika einsetzen. Die AG Schildkröten und Panzerechsen der DGHT empfiehlt 2 Wochen lang täglich subcutane Injetionen von Baytril 2,5 %-Rp (Bayer) durch einen Tierarzt (5 - 10 mg pro kg Körpergewicht). Die Therapie läßt sich mit Vitamin C oral über Trinkwasser oder intramuskulär durch Injektionen von einem Tierarzt unterstützen. Geheilte Tiere müssen ein Jahr isoliert geplegt werden.

Feinde der Schildkröten, die Verletzungen oder deren Tod verursachen können, sind Füchse, Dachse, Marder und Rabenvögel. In Südfrankreich sollen 90 % der Eier von Landschildkröten durch Füchse, Dachse und Marder gefressen werden. In einem Beobachtungszeitraum von über 40 Jahren konnte ich in Übereinstimmung mit anderen Züchtern feststellen,

Das Plastron von T. (A.) horsfieldi mit deutlichen Fuchs-Bißverletzungen der Hornschilder; Kopf und Beine sind unverletzt. Die Schutzwirkung des Panzers wird offensichtlich.

daß Katzen selbst für einjährige Jungtiere keine Gefahr darstellen. Dagegen haben wir 7 etwa 500 bis 1000 g schwere Schildkröten durch Füchse verloren. Wiedergefundene Tiere zeigten starke Zerstörung der Hornschilder, doch waren Kopf und Gliedmaßen immer unverletzt. Der Fuchs versucht den Panzer zu zerbeißen, doch hat er bei größeren Schildkröten kein Erfolg. Trotz Errichtung eines Weidezaunes (5000 Volt) um die gesamte Anlage haben Füchse mein Freilandterrarium wieder betreten.

Ferner wurden aus einer damals noch nicht mit Maschendraht geschützten Anlage Jungtiere durch Krähen entfernt. Die Tiere lagen unverletzt bis 5 Meter weit verstreut. Die Krähen sind offenbar gestört worden, denn man beobachtete sogar, daß Jungtiere von Krähen und Elstern bis 15 m weit verschleppt wurden, wobei die Schildkrötenköpfe abgerissen waren (HARTMANN). Deshalb müssen Anlagen für Jungtiere mit Maschendraht abgedeckt werden.

KULTURGESCHICHTE

Der von anderen Wirbeltieren stark abweichende Körperbau der Schildkröten, die besonderen Lebensäußerungen sowie die hohe Lebenserwartung haben die Menschen schon in der Antike stark beeindruckt. Diese besondere Neigung zu Schildkröten ist bis heute erhalten geblieben und auch Menschen, die Düsenmaschinen und Panzer interessanter finden als Adler und Elefanten, beachten letztlich doch auch Schildkröten, besonders, wenn Winzlinge aus Eiern schlüpfen. Mit Erstaunen und Bewunderung werden diese seltsamen Tiere noch heute betrachtet und bei vielen Völkern finden sie in religiösen Vorstellungen besondere Beachtung. Mit nur wenigen Ausnahmen vertreten sie in der Vorstellungswelt der Völker eine positive, lebensfreundliche Position.

Schildkröten fanden schon vor einigen Jahrtausenden im Denken der Menschen Beachtung. Sehr alte Funde stammen aus Mesopotamien (Keramik-Schalen ca. 5800 Jahre mit Schildkrötendarstellung) und aus Ägypten (ca. 5500 Jahre Schildkrötenabbildungen in Form von Schminkpaletten). Man berichtet über die bisher älteste Schildkrötendarstellung, die wir archäologischen Grabungen des Heidelberger Instituts für Ur- und Frühgeschichte in der südlichen und östlichen Türkei verdanken. Es handelt sich um ein Fragment eines Kalksteinbeckens mit einer etwa 9000 Jahre alten Schildkrötendarstellung (BIENERT und FRITZ).

Schildkröten spielen in Legenden, Fabeln und Märchen eine bedeutende Rolle, und selbst im Zusammenhang mit der Entstehung der

Eine indische Tischglocke aus Messing mit Schildkröte als Griff

Musizierende Frauen mit Harfe, Kithara und Lyra. Schildkrötenpanzer als Klangkörper. Griechisches Vasenbild, Ende 5. Jahrhundert v. Chr. Aus HERZFELD, 1953

Erde werden sie genannt. Nach einer altindischen Sage soll sich der Gott Vishnu nach einer gewaltigen Sintflut in eine gigantische Schildkröte verwandet haben, auf deren Rücken die Welt neu entstand. Auch bei einigen Indianerstämmen wird die Schildkröte als Schöpfer der Welt verehrt. Nach diesen Vorstellungen ruht die Erde auf einer riesigen Schildkröte, deren Bewegungen Erdbeben erzeugen kann. Im alten China wird die Schildkröte zum Mittelpunkt der Welt, eine Vorstellung, die ein Spiegel zum Ausdruck bringt, der auf der Rückseite in der Mitte eine Schildkröte trägt. Im alten Orient wurde die Göttin der Fruchtbarkeit mit einer Schildkröte dargestellt. Bei Ausgrabungen in Syrien fand man eine Venusdarstellung aus griechischem Marmor, mit einem Fuß auf einer Schildkröte stehend. Wahrscheinlich im Zusammenhang mit der großen Paarungsaktivität wurden Schildkröten zum Symbol der Liebeskraft (SÜSS und MALTER).

Abgeleitet von dem schützenden Panzer galten sie als Symbol der Häuslichkeit, Geborgenheit und der Unsterblichkeit. Bei vielen Völkern wurden und werden sie als sympathische, intelligente und friedliche Wesen verehrt, sie sind Ausdruck für ein langes Leben in Gesundheit. Die große Verehrung dieser Tiere kommt in prächtigen Schildkrötendenkmalen im Kaiserpalast zu Peking zum Ausdruck. Künstler der Antike schufen große Schildkrötenmonolithe aus weißem Marmor, die auf dem Panzer Säulen mit Inschriften tragen. Auch auf Friedhöfen fin-

Ägyptisches Schildkrötengewicht - Nachbildung des Originals vom Fitzwilliam-Museum, Cambridge; das Original stammt aus der Zeit der 18. bis 19. Dynastie (1562 bis 1171) vor Chr.) und wurde in dieser Zeit zum Abwiegen von Gold u.a. benutzt. Die Nachbildung verdanke ich Herrn Dr. W. Preiser

det man Nachbildungen der Tiere als Zeichen der Verehrung. Berühmt sind noch heute die Tempelschildkröten (*Hieremys annandalei* und andere Arten) von Bangkok, Bangladesh und Burma. Nach Vorstellung der buddhistischen Seelenwanderung wohnen in den heiligen Tempelschildkröten die Seelen bestimmter Menschen. Niemand kommt deshalb auf die Idee, diese Tiere zu schädigen oder gar zu töten. Die Schildkröten werden liebevoll behandelt und von Besuchern gefüttert. Ganz im Gegensatz hierzu steht die Meinung des Kirchenlehrers Ambrosius: Die Schildkröte ist des Teufels.

In Legenden und Fabeln vieler Völker wird die Beharrlichkeit und Klugheit der Tiere gewürdigt. In Märchen siegt die Schildkröte stets mit Intelligenz und List. Eine griechische Fabel berichtet vom Wettlauf zwischen Hase und Schildkröte. Der Hase, der sich seines Sieges sicher war, schlief unterwegs ein, und die Schildkröte überholte den schlafenden Hasen und gelangte vor ihm ans Ziel.

Neben der kulturhistorischen Bedeutung in Legenden, Fabeln und Märchen wurden und werden Schildkröten trotz des Gefährdungsgrades leider auch wirtschaftlich genutzt. Beson-

ders große Schildkrötenarten (Seeschildkröten, Seychellenschildkröten, Arrau-Flußschildkröten) tötet man noch heute zur Fleischgewinnung und sammelt die abgelegten Eier als Delikatesse, wenn das nicht Schutzmaßnahmen verhindern. Solange nur die Eingeborenen verschiedener Inseln Schildkröten jagten, wurden die Populationen nur wenig geschwächt. Erst als eine Schar versnobter Feinschmecker Seeschildkrötenfleisch, meist verarbeitet in Suppen, bei jeder Gelegenheit zu konsumieren begannen, setzte eine Massenabschlachtung der Tiere ein. Seefahrer nahmen zahlreiche Galapagos-Riesenschildkröten als lebende Konserven an Bord, die je nach Bedarf geschlachtet wurden. Dieser Raubbau führte schließlich zur vollständigen Ausrottung einzelner Arten. Neben der Fleischgewinnung dienten Seeschildkröten (besonders die echte Karettschildkröte) auch zur Gewinnung von Schildpatt, einem Rohstoff, der schon in der Antike zur Veredlung verschiedener Kunstgegenstände diente. Die Tiere wurden lebend mit kochendem Wasser übergossen oder über Feuer gehalten, bis sich die Hornschilder ablösten. Nach dieser brutalen Quälerei übergab man die Schildkröten wieder dem Meer, weil man glaubte, die Hornschilder würden sich erneuern. In Wahrheit jedoch starben die Reptilien nach solchen Qualen.

Seeschildkröten und Seychellen-Riesenschildkröten wurden häufig auf Briefmarken und Münzen dargestellt. Der Grund hierfür ist weniger die hochinteressante Biologie dieser Tiere, sondern das lukrative Geschäft mit Fleisch und Schildpatt. Neben der Fleisch- und Schildpattgewinnung wurde schon in der Antike auch der Schildkrötenpanzer vielfältig genutzt. So diente dieser zur Herstellung eines Musikinstrumentes, der Lyra oder der Leier. Ferner wurden Schildkrötenpanzer als Vorratsbehälter, Schöpfgefäße, Trommeln, Rasseln, Tanzmasken, als Sessel und Schilde im Kampf gegen Feinde benutzt. Große Schildkrötenpanzer dienten auch als Dach für Hütten und die Volksmedizin verwendete verschiedene Teile von Schildkröten.

VOM AUSSTERBEN BEDROHT

Biotopzerstörung. Schon vor 30 Jahren hat man darauf hingewiesen, daß die ständige Zunahme der Erdbevölkerung zu einer steigenden Ausrottung von Vogel- und Säugetierformen führt. An dieser Entwicklung änderte sich bis heute nichts. Um 1900 lebten z.B. in Afrika 133 Millionen Einwohner, 1950 waren es 217 Millionen und 1992 bereits 600 Millionen. Man nimmt an, daß zur Jahrtausendwende 850 bis 900 Millionen Menschen in Afrika leben werden. Mit der Bevölkerungszunahme wächst der Bedarf an Trinkwasser, Nahrung und Energie. In Ermangelung günstiger Alternativen dient in Afrika Holz als Energiequelle. Durch großflächige Abholzung schreitet die Bodenerosion voran, der Boden trocknet aus, und die Wüste wächst (nicht nur in Afrika!). Die Sahara breitet sich mit einer Geschwindigkeit von 16 m am Tag aus. Moderne Tiefbrunnen liefern Wasser aus Tiefen bis zu 70 m, das auch zur Vergrößerung der Rinderherden genutzt wird. Doch der Grundwasserspiegel sinkt bedrohlich, so daß der zu Hunger und Kriegen führende Wassernotstand nur zeitlich verschoben wird.

Hinzu kommen Dürreperioden auch in Europa. Spanien erlebte 1992 die schlimmste Dürre seit 40 Jahren. Die Stauseen waren leer. Wissenschafler prognostizieren die Ausdehnung der Sahara nach Südeuropa. Der Direktor des UN-Entwicklungsprogramms warnt wegen der schleichenden Verwüstung vor einer „noch nie dagewesenen Tragödie". Großbrittanien leidet unter schlimmster Dürre seit Jahrhunderten. Auch in Berlin-Brandenburg läßt sich die weltweite Klimaveränderung nachweisen. Auf den

Hinweisschild auf Mallorca

Feldern vertrocknet das Getreide, und in einem Gutachten des Potsdamer Umweltministeriums wird vor Engpässen in der Wasserversorgung und vor einer Vesteppung des Landes gewarnt.

Massentourismus. Nicht nur Wassernotstände führen rasch zu tiefgreifenden Veränderungen der gewachsenen Lebensräume, sondern auch der seit dem Ende des 2. Weltkrieges ständig wachsende Massentourismus. 1984 besuchten etwa 100 Millionen Urlauber die Mittelmeerländer, und die Zahl wird sich bis zur Jahrtausendwende verdoppeln. Urbanisation und ökonomischer Fortschritt führen zum Bau neuer Verkehrswege, zu Hotelanlagen, Parkplätzen, zu weiteren Sport- und Flugplätzen, und Lebensräume für Tierarten müssen weichen. Auch die Ausbreitung der Landwirtschaft zur Versorgung der Menschenmassen ist eine Folge des Bevölkerungswachstums und des Massentourismus, sie führt zur zunehmenden Vernichtung natürlicher Lebensräume. Hinzu kommt die Modernisierung der landwirtschaftlichen Technik, deren schwere Maschinen Schildkröten-Populationen sowie andere Tierarten vernichten oder schädigen können.

Waldbrände. Die besonders in Südeuropa zunehmend auftretenden Waldbrände sind eine Hauptursache für die Dezimierung der Schildkrötenbestände. In den europäischen Mittelmeer-Ländern werden große Waldflächen durch Brände vernichtet, allein in Südfrankreich 38000 Hektar in jedem Jahr. Nach Berichten (CHEYLAN) sind 90 % aller Waldbrände menschlichen Ursprungs und davon 25 % eine Folge des Massentourismus. Bei Waldbränden in Südfrankreich wurde 1990 fast ein Drittel der vom Aussterben bedrohten Landschildkröten vernichtet. Im Maurenmassiv sind 1990 sogar etwa 15000 Hektar Wald und Buschland verbrannt, wobei bis zu 10000 Schildkröten qualvoll starben (PREISER).

Schildkrötenhandel. Für den Bestand der Landschildkröten hat sich neben der Biotopzerstörung der **Massen**export aus den Heimatländern äußerst negativ ausgewirkt. So wurden von 1965 bis 1977 1992311 *T. graeca graeca*, 347000 *T. hermanni* und 119319 *T. (A.) horsfieldi* nach England importiert (The Tortoise Trade, The Royal Society for the prevention of

Zerstörung eines Habitats von *Testudo graeca graeca* durch eine Autobahn

Schildkrötenschutzzaun an einer Autobahn, Plaine des Maures

Sommerhabitat von *Testudo hermanni hermanni*

Panzer einer verendeten Schildkröte auf verbrannter Erde, Muochiatana

Markt von Sousse (Tunesien); Angebot in gebrochenem Deutsch: Kaufen Du! Tier frißt und sch… nicht! Keine Probleme!

cruelty to animals). Der Bestand an *T. graeca* ist in den letzten 80 Jahren um 86 % zurückgegangen (etwa 2,5 % pro Jahr). Andere Länder haben sich an dem Schildkrötenhandel in ähnlicher Weise beteiligt, doch wurden darüber keine exakten Zahlen veröffentlicht. Jugoslawien exportierte vor Einführung der Schutzbestimmungen etwa 400000 Griechische Landschildkröten pro Jahr. Allein 10000 Landschildkröten wurden zu Banjos verarbeitet. Daß ein solcher Massenexport zu Schädigungen des Tierbestandes führt, wird niemand bezweifeln. Hinzu kommt noch, daß in einigen Ländern Landschildkröten auch heute noch gegessen werden. In manchen Balkanländern ist es üblich, die Tiere am Lagerfeuer zu rösten. Die Schildkröten werden an einem Stock aufgespießt und im offenen Feuer gegart. Leider dient sogar die prachtvolle Strahlenschildkröte *Asterochelys radiata* als eine geschätzte Delikatesse in Madagaskar, obwohl die Tiere im Washingtoner Artenschutzübereinkommen im

Frisch importierte *Testudo (A.) horsfieldi* in einer Zoohandlung in Esslingen

Anhang I geführt werden (unmittelbar vom Aussterben bedroht). Es ist äußerst bedauerlich, daß man in Madagaskar auf Märkten Strahlenschildkröten zu Schlachtzwecken kaufen kann, doch verhindern strenge Exportbestimmungen die Ausfuhr der Tiere! Würde man auf einen Teil der Schlachtungen verzichten und die geretteten Tiere für den Export freigeben, dann wäre dies ein begrüßenswerter Beitrag zur Förderung der biologischen Wissenschaft und zum Artenschutz. Solche Tiere sollten nicht frei verkauft werden, sondern über Schildkröten-Arbeitsgruppen an sachkundige Pfleger zum Aufbau von Zuchtgruppen vergeben werden.

Illegaler Import. Seit Einführung der Schutzbestimmungen hat die illegale Einfuhr von geschützten Tieren nicht abgenommen,

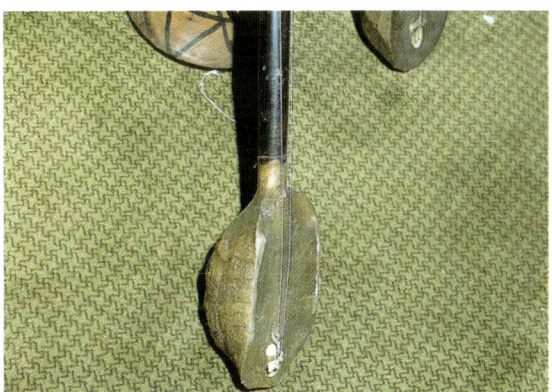

Musikinstrument aus einem Schildkrötenpanzer

obwohl der Handel mit ihnen ohne gültige Bescheinigungen strafbar ist. Solche Tiere werden zwar ersatzlos beschlagnahmt, doch gibt es keine Festlegungen über ihren Verbleib. So müssen die Naturschutzbehörden nach eigenem Ermessen handeln. Die Rücksendung der beschlagnahmten Tiere an die Ursprungsländer bringt meist keine befriedigende Lösung. Eine illegale Sendung von 1000 Landschildkröten aus der Türkei wurde an den Absender mit dem Ergebnis zurückgeschickt, daß man dort die zum größten Teil noch lebenden Tiere den Schweinen zum Fraß vorwarf (Frank). Die Unterbringung zahlreicher geschützter, beschlagnahmter Tiere ist für die Behörden noch immer ein ungelöstes Problem. Da den Naturschutzbehörden durch Kontrollmaßnahmen biologisch gestaltete Freilandterrarien sowie Zuchterfolge bekannt sind, wäre es sinnvoll, beschlagnahmte Tiere diesen Pflegern zur Verfügung zu stellen. Auch ein Verkauf solcher Tiere an Pfleger mit optimalen Haltungsbedingungen wäre zu empfehlen, wobei der Erlös für Naturschutzmaßnahmen genutzt werden könnte.

Maßnahmen zur Arterhaltung

In den Heimatländern von Landschildkröten sollten in Gebieten mit ausreichender Populationsdichte Schutzgebiete (Naturreservate für Landschildkröten) geschaffen werden, die regelmäßig kontrolliert werden müssen. Vorbildlich sind ferner **Schildkrötenzuchtstationen in den Heimatländern,** die Jungtiere aufziehen und nach einigen Jahren in Schutzgebiete entlassen. Dazu gehört **das erste Schildkrötendorf der Welt in Gonfaron in Südfrankreich** (Station zur Beobachtung und zum Schutz der Schildkröten des Maurengebirges, gegründet 1985). In der Station bestehen mehrere Gehege: Zuchtgehege für adulte Tiere, Reproduktionsgehege mit Stellen für Eiablage, Gehege für Jungtiere verschiedenen Alters, Auswilderungsgehege, Gehege für verschiedene Landschildkröten, Quarantäne-Gehege, Schildkrötenklinik für Tiere mit Knochenbrüchen, Verletzun-

gen am Panzer, Wurmbefall und Abszesse). In den letzten Jahren wurden über 3000 Schildkröten aufgezogen und in das Mauren-Schutzgebiet überführt. Zusätzlich leistet die Station eine vorbildliche Aufklärungsarbeit durch Vorträge, Poster und Bücher.

Erfreulicherweise wurde inzwischen auch in **Spanien** ein weiteres **Fortpflanzungszentrum für Landschildkröten** in der Landschaft von L'-Albera geschaffen. Das Ziel dieser Station ist die Rettung der vom Aussterben bedrohten Landschildkröten Spaniens durch kontrollierte Aufzucht der Jungtiere und Auswilderung im natürlichen Lebensraum. Auch diese Station leistet eine wichtige Aufklärungsarbeit für Schulen und Besuchergruppen.

In Italien ist die westliche Rasse der Griechischen Landschildkröte (*T. hermanni hermanni*) vom Aussterben bedroht so wie in Frankreich und in Spanien. Erfreulicherweise wurde auch in diesem Land ein Zentrum zum Schutz, zur Reproduktion und zur Erforschung der europäischen Landschildkröte geschaffen. **(Carapax-Zentrum in der Toskana)**. Das Zentrum hat eine Größe von etwa 15 Hektar. Die Tiere werden auch hier in größeren Zahlen

Aufzuchtgehege von Soptom

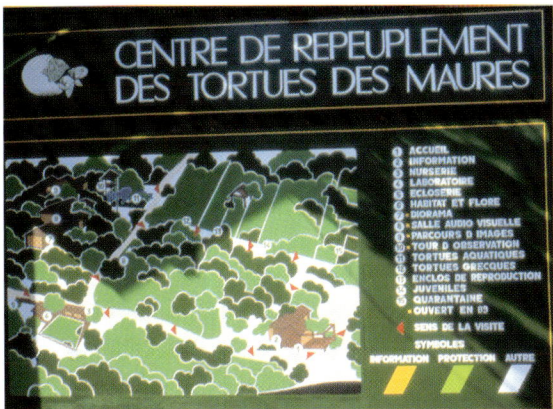

Hinweistafel zum Schildkrötendorf Soptom

nachgezogen. Etwa 5 Jahre alte Tiere entläßt man in ein Auswilderungsgebiet (35 Hektar).

Die Alternative zur illegalen Einfuhr. Die nach der Bundesartenschutzverordnung besonders geschützten europäischen Landschildkröten können durch farmmäßige Zucht der Tiere in den Heimatländern mit Auswilderung in den natürlichen Lebensraum sowie durch Schaffung von Reservaten am besten geschützt werden. Doch ist auch der Wunsch biologisch interessierter Bürger in Ländern ohne Schildkrötenvorkommen legitim, solche Tiere zur Erweiterung biologischer Kenntnisse einschließlich Zucht in persönliche Obhut zu nehmen. Weil jeder Schildkrötenfreund die illegale Einfuhr mit meist quälerischen Transporten strikt ablehnt, ist die Zucht der Tiere auch außerhalb der Heimatländer die vernünftige Alternative zum Schmuggel geschützter Tiere. Deshalb wird die Schildkrötenzucht von der Naturschutzbehörde des Landes Brandenburg positiv in der Hoffnung bewertet, die illegale Einfuhr zu verringern. Damit avanciert die Schildkrötenzucht zu einem wichtigen Beitrag zum

Quarantäneabteilung der Soptomer Farm

Artenschutz. Viele Herpetologen setzen sich für die kommerzielle Zucht dieser Tiere ein.

Mensch und Tier. Wer als Terrarianer oder Aquarianer Tiere in seine Obhut nimmt, wer Vögel, Katzen oder Hunde als Haustiere hält, der wird diesen Tieren mit Verantwortung und Liebe begegnen. Wenn Tiere als Ergebnis sachkundiger Pflege ein langes Leben in Gesundheit verbringen, dann empfindet der Tierfreund eine tiefe Befriedigung. Jene Menschen, denen solches Denken fremd ist, die Tieren mit Gleichgültigkeit, Gedankenlosigkeit oder gar mit brutaler Gewalt begegnen, sollten daran denken, daß sie mancher Art ihr Leben verdanken. Denn alle lebensfördernden Medikamente und alle Gesundheitspflegemittel werden im Tierversuch getestet, und ohne Tierversuche wäre der Fortschritt in der Medizin nicht möglich gewesen. Der denkende Mensch sollte begreifen, daß zwischen ihm und dem Tier ein einzigartiges Verhältnis der Solidarität entstanden

T. hermanni hermanni **als Straßenopfer, Mallorca**

ist, das dazu führt, Schuld abzutragen, und dem Tier mit Liebe und Verständnis zu begegnen. Der Kritiker, der es für übertrieben hält, sich für den Schutz einzelner Tierarten einzusetzen, sollte bedenken, daß es bei der großflächigen Zerstörung der Lebensgrundlagen selbstverständlich nicht nur um Schildkröten und andere Tierarten geht, sondern auch um uns Menschen selbst. Tiere sind Bioindikatoren, und wenn sie verschwinden, dann ist auch unser Lebensraum bedroht. Wie die Welt der Tiere und Pflanzen benötigt auch der Mensch reine Luft, sauberes Wasser und gesunde Ernährung. Je mehr aber gewachsene Biotope durch menschliche Unvernunft global geschädigt oder zerstört werden, je mehr Luft und Wasser verunreinigt und je stärker unsere Nahrung durch Fremdstoffe belastet

Schlachtung von *Geochelone denticulata*

Das Plastron wird abgehoben.

werden, umso größer ist die Gefahr der Selbstschädigung oder Vernichtung. Im Gegensatz zum Tier kann nur der Mensch schuldig werden, er kann andererseits aber auch mit gewachsenem moralischem Bewußtsein für alles Leben Verantwortung übernehmen und dadurch zugleich auch seine Lebensgrundlagen bewahren.

Schutzbestimmungen

Der Massenimport europäischer Landschildkröten in verschiedene europäische Staaten hat dazu geführt, daß diese Tiere über billige Warenhausangebote zu einem beliebten Kinderspielzeug wurden. Das betraf letztendlich nicht nur Schildkröten, sondern zahlreiche Tier- und Pflanzenarten, so daß die Erarbeitung von Schutzbestimmungen erforderlich wurde. Die wichtigste internationale Schutzbestimmung ist das „Übereinkommen über den Handel mit gefährdeten Arten freilebender Tiere und Pflanzen". (Convention on International Trade in Endangered Species). Kurzbezeichnung: Washingtoner Artenschutzübereinkommen (WA) 1973. Behördliche Dokumente, die auf der Grundlage des WA ausgestellt werden, nennt man CITES-Bescheinigung (Anfangsbuchstaben der englischen Bezeichnung des WA). Das Washingtoner Artenschutzübereinkommen regelt den Handel mit gefährdeten Tier- und Pflanzenarten. Je nach Grad der Bedrohung werden die Tiere in drei Anhängen aufgeführt. Für Landschildkröten besteht folgende Zuordnung:

Anhang I:

Unmittelbar von der Ausrottung bedrohte Arten.

Handelsverbot mit sehr seltenen Ausnahmen. Die Ausfuhr oder Einfuhr eines Exemplares einer in Anhang I aufgeführten Art erfordert die vorherige Erteilung und Vorlage einer Ausfuhr- oder Einfuhrgenehmigung. Im Anhang I (WA) werden folgende Landschildkröten aufgeführt.:

1. *Geochelone (= Testudo) elephantopus = nigra, = Chelonoidis elephantopus*, Galapagos Riesenschildkröte.
2. *Geochelone (= Testudo) yniphora, = Asterochelys yiphora*, Madagassische Schnabelbrustschildkröte.

Testudo hermanni boettgeri. **Besonders helles Exemplar.**

3. *Geochelone (= Testudo) geometrica = Psammobates geometrica,* Geometrische Landschildkröte.
4. *Geochelone (= Testudo) radiata = Asterochelys radiata,* Strahlenschildkröte.
5. *Testudo kleinmanni,* Ägyptische Landschildkröte.
6. *Gopherus flavomarginatus Mexikanische* oder Gelbe Gopherschildkröte

Anhang II:

Hierzu gehören alle Landschildkröten, die nicht in Anhang I enthalten, jedoch von der Ausrottung bedroht sind, wenn der Handel nicht einer strengen Kontrolle unterworfen wird. Der Kauf oder Verkauf dieser Landschildkröten ist nur mit einer in Deutschland ausgestellten CITES-Bescheigung möglich.

Anhang III. Hierzu gehören Arten, die im Ursprungsland einer besonderen Regelung unterliegen. Die Mitarbeit anderer Vertragsparteien bei der Kontrolle des Handels ist erforderlich.

Weitere Gesetze und Verordnungen zur Anwendung des Washingtoner Artenschutzübereinkommens (WA) im EG-Bereich und in den Vertragsstaaten:

1. Verordnung (EG) Nr. 3626/1982 des Rates zur Anwendung des Übereinkommens über den internationalen Handel mit gefährdeten Arten freilebender Tiere und Pflanzen vom 3.12.82 einschließlich Verordnung Nr. 1970/92 vom 30.6.1992.
2. Gesetz über Naturschutz und Landschaftspflege (Bundesnaturschutzgesetz vom 12.3.1987, BNatSchG) BGBl 1987 Teil I, Seiten 889-905.

3. Verordnung zum Schutz wildlebender Tier- und Pflanzenarten. (BArtSCHV vom 18.9.1989).

Nach Verordnung (EG) Nr. 3626/1982 einschließlich Verordnung Nr. 1970/1992 zum WA werden folgende Arten im Anhang C Teil 1 in einer Liste der von der Gemeinschaft besonders behandelte Arten aufgeführt:

1. *Testudo graeca* 2. *Testudo hermanni* 3. *Testudo marginata.* Alle anderen Arten von Landschildkröten sind in Anhang C Teil 2 enthalten. In Anlage 2 der Bundesartenschutzverordnung (ArtSchV) werden die genannten europäischen Landschildkröten als „zusätzlich vom Aussterben bedrohte Arten" aufgeführt.

Das Washingtoner Artenschutzübereinkommen (WA), das Bundesnaturschutzgesetz (BNatSchG), die Bundesartenschutzverordnung (BArtSchV) und die genannten EG Verordnungen enthalten artenschutzrechtliche Bestimmungen, die bei Haltung, Abgabe, Handel und Zucht aller Landschildkröten zu berücksichtigen sind:

1. Nachweispflicht

Für Kauf, Verkauf und Transport von besonders geschützten Arten (alle Landschildkröten) sind CITES-Bescheinigungen erforderlich, die als Nachweis für die legale Herkunft der Tiere gelten. Der legale Besitz solcher Tiere ist gegenüber der Naturschutzbehörde nachzuweisen, wenn das verlangt wird. Für Nachzuchttiere, die im Besitz des Pflegers bleiben, ist die Beantragung von CITES-Bescheinigungen nicht erforderlich. Es genügt eine Meldung der Tiere bei der zuständigen Naturschutzbehörde.

Testudo hermanni boettgeri

2. Meldepflicht, Bestandsanzeige

Jeder Pfleger von besonders geschützten Arten ist verpflichtet, den Tierbestand und jede Bestandsänderung unverzüglich der zuständigen Naturschutzbehörde schriftlich anzuzeigen. Die Meldung muß enthalten: Wissenschaftliche und deutsche Bezeichnung der Art, Geschlecht, Geburtsjahr bzw. Jahr des Schlupfes, CITES-Nummer bei erworbenen Tieren. Bei Zugang ist anzugeben: Eigenzucht oder beim Erwerb Vorbesitzer mit vollständiger Anschrift. Bei Abgang ist anzugeben: Neuer Besitzer mit vollständiger Anschrift bzw. Tod des Tieres usw., außerdem muß das Zugangs- und Abgangsdatum in jeder Meldung enthalten sein.

3. Ein- und Ausfuhr besonders geschützter Arten

Für Ein- und Ausfuhr sind Genehmigungen erforderlich, die entsprechend § 21b BNat-SchG nur erteilt werden, wenn

a) die Tiere gezüchtet worden sind,

b) die Tiere für Zwecke der Forschung oder Lehre bestimmt sind,

c) die Tiere für Zwecke der Zucht oder Ansiedlung bestimmt sind,

d) bei Entnahme von Tieren aus der Natur keine Beeinträchtigung der Art oder Population stattfindet,

e) artgerechte Haltung gewährleistet ist,

f) geltendes Recht des Ursprungslandes nicht verletzt worden ist,

g) sonstige Belange des Artenschutzes nicht dagegen stehen,

h) bei Ausfuhr tierschutzrechtliche Vorschriften während des Transportes beachtet werden,

i) keine sonstigen Vermarktungs- und Verkehrsverbote entgegenstehen. (Nach DGHT Veröffentlichung von R. POD-LOUCKY 1992).

4. Vermarktungsverbot

Für die vom Aussterben bedrohten Arten, Arten des Anhangs C Teil 1 der EG-Verordnung 3626/82 besteht grundsätzlich ein Vermarktungsverbot (§ 20 f(2) BNatSchG und § 12 (1) BArtSchV). Diese Tiere dürfen ohne Genehmigung weder verkauft noch vertauscht werden. Die Naturschutzbehörden können jedoch Ausnahmen vom Vermarktungsverbot auf Antrag für Tiere genehmigen, die in Gefangenschaft gezüch-

T. (A.) horsfieldi; Mitte: Drei Wochen altes Tier mit deutlichen Wachstumsstreifen im Bereich der Schildergrenzen, daneben wenige Tage alte Tiere.

tet wurden. (Einschließlich F1-Generation). Dabei ist die Zucht nachzuweisen. Eine Vermarktung ohne erforderliche Genehmigung stellt eine Ordnungswidrigkeit oder Straftat dar.

5. **Ahndung von Verstößen gegen artenschutzrechtliche Bestimmungen.**

Wer fahrlässig oder vorsätzlich gegen die Vermarktungs-, Besitz- und sonstige Verkehrsverbote oder gegen die Ein- und Ausfuhrverbote verstößt, kann mit einer Geldbuße bis 100000 DM bestraft werden. Verstöße gegen Aufzeichnungs-, Anzeige- oder Kennzeichnungspflichten können mit einer Geldbuße bis zu 20000 DM geahndet werden. Nach §§ 30a-31 BNatSchG wird mit Freiheitsstrafe bis zu drei Jahren oder mit Geldstrafe bestraft, wer vorsätzlich oder fahrlässig geschützte Tiere fängt, verletzt oder tötet und solche Handlungen gewerbs- oder gewohnheitsmäßig begeht. Handelt es sich um vom Aussterben bedrohte Arten, besteht eine Strafandrohung bis zu 5 Jahren oder Geldstrafe.

Hinsichtlich der Kennzeichnungspflicht ist bei Reptilien und Amphibien die Implantation von Chips aus Gründen des Tierschutzes abzulehnen, da Infektionen, Gefäß- und Nervenschädigungen auftreten können (LEHMANN). Adulte Landschildkröten unterscheiden sich jedoch durch angeborene und erworbenen Merkmnale des Panzers und der Beschuppung von Beinen und Kopf, sodaß dadurch eine individuelle Kennzeichnung ohne Schädigung der Tiere gegeben ist.

Allgemeine Hinweise.

Da es recht schwierig ist, die zahlreichen Bestimmungen, Gesetze, Verordnungen, Übereinkommen einschließlich Änderungen zu überblicken, sollte jeder Schildkrötenpfleger mit der zuständigen Naturschutzbehörde Verbindung aufnehmen, um sich bei Unklarheiten beraten zu lassen. Wer sich umfassend informieren möchte, dem sei das Buch über „Naturschutzrecht" 7. Auflage 1995 empfohlen, das im Deutschen Taschenbuchverlag (Beck-Texte) erschienen ist. Ferner ist jedem Schildkrötenfreund zu raten, Mitglied in der Deutschen Gesellschaft für Herpetologie und Terrarienkunde e.V. (DGHT) und im Bundesverband für fachgerechten Natur- und Artenschutz e.V. (BNA) zu werden. Die DGHT stellt jedem Mitglied eine wissenschaftliche Zeitschrift (Salamandra), eine weitere Zeitschrift (Elaphe) und ein Anzeigenjournal (Angebote, Gesuche, Tausch) zur Verfügung. Die Mitglieder werden regelmäßig über das neue Artenschutzrecht informiert.

Eine diesbezügliche Broschüre über „das Artenschutzrecht und seine Auswirkungen auf die Haltung von Amphibien und Reptilien", Stand Juli 1992, ist zur Zeit vergriffen, wird jedoch 1996 überarbeitet neu erscheinen und jedem Mitglied der Gesellschaft kostenlos zur Verfügung gestellt. Der Bezug dieser Broschüre für Nichtmitglieder der Gesellschaft ist bei der Geschäftsstelle der DGHT möglich: Postfach 1421, D-53351 Rheinbach. Rückporto bitte beilegen. Auch der BNA versendet wichtiges Informationsmaterial.

Gut ist Leben erhalten, Leben fördern, ent-wickelbares Leben auf seinen höchsten Wert bringen.

Albert Schweitzer

Testudo graeca ibera; erwachsenes Tier mit zwei Wochen alten Jungtieren

LITERATURVERZEICHNIS

Buchveröffentlichungen:

Herpetologie

BASILE I.A.: (1989): Faszinierende Schildkröten Landschildkröten Verlag Stephanie Naglschmid, Stuttgart.

BOJANUS L.H. (1819-1821): Anatome Teststudinis Europaeae. Vilnae in Commissis apud Fr. Moritz. Lipsiae, apud Fr. Fleischer.

BOJANUS L.H. (1819-1821): Anatome Testudinis Europaeae. Faksimile-Neudruck mit dem Untertitel „An Anatomy of the turtle" von der Society of the Study of Amphibians and Reptiles, Ann Arbor MICHIGAN 1970, 179 Seiten 31 Tafeln.

COBORN J. (1993): The proper care of turtles. TFH Publications, Neptune City, USA.

DEVAUX B. (1988): La tortue sauvage des Maures ou tortue d'Hermann. Seconde édition. Éditions Sang de la terre, Paris

FRITSCHE J. (1981): Das praktische Terrarienbuch, 1. Auflage. Neumann Verlag, Leipzig Radebeul.

HACKBARTH R. (1992): Krankheiten der Reptilien, 2. Auflage. Franckh-Kosmos-Verlag GmbH & Co., Stuttgart.

HERRMANN, H.-J. (1994): Das Terrarium für den Anfänger. Tetra-Verlag, Melle.

HERRMANN, H.-J. (1996): Das Taschenbuch der Terrarientiere. Tetra-Verlag, Melle.

IPPEN R., SCHRÖDER H.D. und ELZE K. (1985): Handbuch der Zootier-Krankheiten Band 1 Reptilien. Akademie-Verlag, Berlin.

IVERSON, J. B. (1994): A revised checklist with distribution maps of the turtles of the world. Privately printed, Richmond, Indiana.

JAHN J. (1985): Schildkröten, Haltung von Land- und Wasserschildkröten. Lehrmeister Bücherei. Albrecht Philler-Verlag, Minden.

JAROFKE D. und LANGE J. (1993): Reptilien. Krankheiten und Haltung. Tierärztliche Heimtierpraxis Band 3. Verlag Paul Parey, Berlin und Hamburg.

KABISCH K. (1990): Wörterbuch der Herpetologie. G.Fischer-Verlag, Jena

KLINGELHÖFFER W. (1959): Terrarienkunde. Vierter Teil, Schlangen, Schildkröten, Panzerechsen, Reptilienzucht. 2. Auflage herausgegeben von Christoph SCHERPNER. Alfred Kernen-Verlag, Stuttgart.

LEHRER J. (1994). Die geheimnisvolle Welt der Schildkröten. Karl Müller Verlag, Erlangen.

MAYER R. (1992): Europäische Landschildkröten. Leben-Haltung-Zucht. AVA Agrar Verlag Allgäu, Kempten.

MERTENS R. und WERMUTH H. (1960): Die Amphibien und Reptilien Europas. W. Kramer, Frankfurt/M.

MLYNARSKY M. und WERMUTH H. (1973): Kriechtiere, Schildkröten. In Grzimeks Tierleben Band 6. Kindle, München und Zürich.

MÜLLER G. (1993): Schildkröten-Land-, Sumpf- und Wasserschildkröten im Terrarium. 2. überarbeitete und erweiterte Auflage. Verlag Eugen Ulmer GmbH, Stuttgart.

MÜLLER V. und SCHMIDT W. (1995): Landschildkröten. Terrarien Bibliothek. Natur und Tier Verlag, Münster.

NIETZKE G. (1984): Fortpflanzung und Zucht der Terrarientiere, Landbuch-Verlag, Hannover, 1. Auflage.

NIETZKE G. (1989): Die Terrarientiere 1, 4. Auflage, Verlag Eugen Ulmer, Stuttgart.

NIETZKE G. (1996): Die Terrarientiere 2, 4. Auflage, Verlag Eugen Ulmer, Stuttgart.

NÖLLERT A. (1992): Schildkröten, 2. Auflage, Landbuch-Verlag GmbH, Hannover.

OBST F.J. und MEUSEL W. (1978): Die Landschildkröten Europas und der Mittelmeerländer, 6. Auflage. Die Neue Brehm-Bücherei Nr. 319, A. Ziemsen Verlag, Wittenberg Lutherstadt.

OBST F.J. (1980): Schildkröten. AT Ratgeber Reihe 12, Urania-Verlag, Leipzig, Jena, Berlin.

OBST F.J. (1985): Die Welt der Schildkröten. Edition Leipzig.

PETERS G. (1991): Klasse Reptilia-Kriechtiere. In Urania Tierreich in 6 Bänden. Fische, Lurche, Kriechtiere, 1. Auflage, Urania-Verlag, Leipzig, Jena, Berlin.

PRICHARD P.C.H. (1967): Living turtles of the world. TFH Publications, INC., Hong Kong.

PRICHARD P.C.H. (1979): Encyclopedia of turtles. T.F.H. Publications INC, Neptune, N.J. USA.

REICHENBACH-KLINKE H.-H. (1977) Krankheiten der Reptilien. 2. überarbeitete und erweiterte Auflage, Stuttgart.

ROGNER M. (1995): Schildkröten 1, Chelydridae Dermatemydidae Emydidae. Heidi Rogner-Verlag.

RUDLOFF M.W. (1990): Vermehren von Terrarientieren. Schildkröten. Urania-Verlag, Leipzig, Jena, Berlin.

STETTLER P.H. (1986): Handbuch der Terrarienkunde. Terrarientypen, Tiere, Pflanzen, Futter. Kosmos Gesellschaft der Naturfreunde. Franckh'sche Verlagshandlung, Stuttgart.

SÜSS R. und MALTER M. (1991): Vom Mythos der Schildkröte. Das Urtier als Glücksbringer, Harenberg Edition, Dortmund.

SWINGLAND I.R. and KLEMENS W. (1989): The Conservation Biology of Tortoises. Occacional Papers of the IUCN Species Survival Commission (SSC) No. 5.

VOGT D. und WERMUTH H. (1961): Knaurs Aquarien- und Terrarienbuch. Droemersche Verlagsanstalt, Th. Knaur Nachf., München Zürich.

WEBB J.E., WALLWORK J.A. ELGOOD J.H. (1978): Guide to living Reptiles. The MACMILLAN Press LTD, London and Basingstoke.

WERMUTH H. und MERTENS R. (1961): Schildkröten Krokodile Brückenechsen. VEB Gustav Fischer Verlag, Jena.

WERMUTH H. und MERTENS R. (1977): Testudines, Crocodylia, Rhynchocephalia. In Liste der rezenten Amphibien und Reptilien. Das Tierreich, Lieferung 100, Walter de Gruyter & Co., Berlin und New York.

WERNER F. (1912): Die Lurche und Kriechtiere 1. Band. In Brehms Tierleben 4. Auflage. Bibliographisches Institut, Leipzig, Wien.

WILKE H. (1993): Schildkröten, richtig pflegen und verstehen. GU Tier-Ratgeber 5. Auflage, Gräfe und Unzer GmbH, München.

Buchveröffentlichungen:
Vergleichende Anatomie und Paläontologie.

HAUBOLD H. und KUHN O. (1977): Lebensbilder und Evolution fossiler Saurier. Die Neue Brehm-Bücherei Nr. 509, A. Ziemsen Verlag, Wittenberg Lutherstadt.

HUENE F.R. von (1956): Paläotologie und Phylogenie der Niederen Tetrapoden, VEB Gustav Fischer Verlag, Jena.

KÄMPFE L., KITTEL R., KLAPPERSTÜCK J. (1993): Leitfaden der Anatomie der Wirbeltiere, 6. überarbeitete Auflage. Gustav Fischer Verlag, Jena, Stuttgart, New York.

KIRSCHE W. (1972): Die Entwicklung des Telencephalons der Reptilien und deren Beziehung zur Hirn-Bauplanlehre. Nova Acta Leopoldina. Abhandlungen der Deutschen Akademie der Naturforscher Leopoldina. N.F., Johann Ambrosius Barth, Leipzig.

MAYR E. (1979): Evolution und die Vielfalt des Lebens. Springer-Verlag, Berlin, Heidelberg, New York.

MLYNARSKI M. (1969): Fossile Schildkröten. Die Neue Brehm-Bücherei Nr. 396. A. Ziemsen Verlag, Wittenberg Lutherstadt.

MÜLLER A.H. (1985): Lehrbuch der Paläozoologie, Band III Vertebraten, Teil 2 Reptilien Vögel, 2. Auflage. VEB Gustav Fischer Verlag, Jena.

PORTMANN A. (1965): Einführung in die vergleichende Morphologie der Wirbeltiere, 3. Auflage. Schwabe und Co. Verlag, Basel, Stuttgart.

ROMER A.S. (1966): Vergleichende Anatomie der Wirbeltiere. Übersetzt und bearbeitet von H. FRICK. Verlag Paul Parey, Hamburg, Berlin.

STARCK D. (1978): Vergleichende Anatomie der Wirbeltiere auf evolutionsbiologischer Grundlage. Band 1: Theoretische Grundlagen. Stammesgeschichte und Systematik unter Berücksichtigung der niederen Chordata. Springer-Verlag, Berlin, Heidelberg, New York.

STARCK D. (1979): Vergleichende Anatomie der Wirbeltiere auf evolutionsbiologischer Grundlage. Band 2: Das Skeletsystem. Allgemeines, Skeletsubstanzen, Skelet der Wirbeltiere einschließlich Lokomotionstypen. Springer-Verlag, Berlin, Heidelberg, New York.

STARCK D. (1982): Vergleichende Anatomie der Wirbeltiere auf evolutionsbiologischer Grundlage. Band 3: Organe des aktiven Bewegungsapparates, der Kordination, der Umweltbeziehung, des Stoffwechsels und der Fortpflanzung. Springer-Verlag, Berlin, Heidelberg, New York.

Veröffentlichungen in Zeitschriften

BAYLEY J.R. and HIGHFIELD A.C. (1996): Observations on ecological changes threatening a population of *Testudo graeca graeca* in the Souss Valley, Southern Morocco. Chelonian Censervation and Biology 2(1) 36-43.

BERNDT H. (1988): Erfahrungen bei der Haltung und Zucht der Maurischen Landschildkröte (*Testudo graeca* LINNAEUS). Herpetofauna 10(53): 23-29.

BESHKOV V.A. (1993): On the distribution, relative abundance and protection of tortoises in Bulgaria. Chelonian Conservation and Biology 1(1): 53-62.

BIENERT H.-D. und FRITZ U. (1989): Die älteste Schildkröten-Darstellung: 9000 Jahr alt. Salamandra 25 (2): 112-114.

BLAHAK S. (1994)): Virusinfektionen bei Reptilien - vorbeugen und bekämpfen. Elaphe (NF) 2 (3): 15-17.

BOUR, R (1995): Une nouvelle espèce de tortue terrestre dans le Péloponnèse (Grece). Dumerilia 2: 23-54

BURKE R.L., EWERT M.A., McLEMORE J.B. and JACKSON D.R. (1996): Temperature-dependent sex determination and hatching success in the Gopher Tortoise (*Gopherus polyphemus*). Chelonian Conservation and Biology 2 (1): 86-88.

CHELAZZI G. and FRANCISCI F. (1979): Movement patterns and homing behaviour of *Testude hermanni* GMELIN (Reptilia Testudinidae). Monitore zool. ital. (N.S.) 13: 105-127.

CHELAZZI, G., CALFURNI P., GRANDINETTI A., CARLA M. DELFINO G. and CALLONI C. (1981): Modification of homing behaviour in *Testudo hermanni* GMELIN (Reptilia Testudinidae) after intranasal irrigation with zink sulfate solution. Monitore zool. ital. (N.S.) 15: 306-307.

CHELAZZI G. and DELFINO G. (1986): A field test on the use of olfaction in homing by *Testudo hermanni* (Reptilia: Testudinidae) Journal of Herpetology 20 (3): 451-455.

CHEYLAN M. (1984): The true status and future of Hermanns *Tortoise Testudo hermanni robertmertensi* WERMUTH 1952 in Western Europe. Amphibia-Reptilia 5: 17-26.

CHKIKVADZE V.M. (1988): Systematic classification of contemporary land turtles of middle Asia and Kasakhstan. The news of Academy of Sciences of GSSR. Biology Series, 14 no. 2.

COAKLEY J. and KLEMENS M. (1983): Two generations of captive-hatched Leopard Tortoises, *Geochelone pardalis babcocki*. Herp. Review 14 (2): 43-44.

DATHE F. (1976): Beobachtung der Überwinterung einer Steppenschildkröte, *Agrionemys horsfieldii*, im Freiland. Aquarien Terrarien 23 (11): 384.

DERANIYGALA P.E.P. (1930): Testudinate evolution. Proc. Zool. Soc. London 1057-1070.

DEVAUX B., POUVREAU J.-P., STUBBS D. (1986): Programme de sauvegarde des tortues d'Hermann dans le Massif des Maures (France). Station d'observation et de protection des tortues des Maures. S.O.P.T.O.M.

DINKEL, J (1974). Eine erfolgreiche Nachzucht der Breitrandschildkröte, *Testudo marginata* SCHOEPFF. DATZ 27 : 353-356

EENDEBAK B.T. (1995): Incubation period and sex ratio of Hermann's tortoise, *Testudo hermanni boettgeri*. Chelonian Conservation and Biology 1 (3): 227-231.

EGGERS G. (1986): Tierfreunde: Das geht alle an! DATZ 39(7): 319-320.

EISELT J. und SPITZENBERGER Fr. (1967): Ergebnisse zoologischer Sammelreisen in der Türkei: Testudines. Ann. Naturhistor. Mus. Wien 70: 357-378.

ENGERT R. (1992): Besuch des CARAPAX-Zentrums in der Toskana. Journal der AG. Schildkröten und Panzerechsen 2: 8-9.

ESTERBAUER H. (1985): Ökologische und verhaltensbiologische Beobachtungen an der Maurischen Landschildkröte *Testudo graeca terrestris* FORSKAL 1775 in Südwestsyrien. Aquarien Terrarien 32 (11): 389-392.

EVANS P. (1983): Two generations of captive-bred *Testudo graeca* British Herpetological Society Bulletin 8: 37.

FLOWER S.S. (1937): Further notes on the duration of life in animals. III Reptiles. Proc zool.Soc. London 107: 1-39..

FRANK, N. & E. RAMUS (1995): A complete giude to scientific and common names of Reptiles and Amphibians of the world. NG Publishing Inc. Pottsville, PA 17901

FRANK W. (1988): Amphibien und Reptilien als Hobbytiere. Dtsch. tierärztl. Wschr. 95: 69-72.

GAD J. (1989): Drehversuche an Schildkröteneiern im Hinblick auf Schilderanomalien. Salamandra 25 (2): 109-111.

GIEBNER I. (1989): Pflege und Zucht der Steppenschildkröte (*Agrionemys horsfieldi*). Elaphe 11 (3) 42-26.

GLAUBRECHT M. (1992): Verwandtschaft der Schildkröten. Naturwissenschaftliche Rundschau 45 (11): 436.

GONZALEZ J.G. (1993): Réunion island- still a land of tortoises. Chelonian Conservation and Biology 1 (1): 51-52.

HAFT J. (1994): Bemerkungen zu den Suppenschildkröten bei Xcacel, Halbinsel Yucatan, Mexiko Salamandra 30 (4): 254-259.

HARTMANN H. (1977): Zeitigung von Landschildkröteneiern. Aquarien-Terrarien 24 (5): 152-153.

HARTMANN H. (1977): Verlust von jungen Schildkröten durch „Raubzeug". Aquarien Terrarien 24 (3): 81.

HEIMANN E. (1986): Zur Aufzucht junger Landschildkröten. Elaphe Heft 2: 30-31.

HEIMANN E. (1986): Bastardierung zwischen *Testudo graeca ibera* und *Testudo marginata*. Elaphe Heft 3: 48-50.

HEIMANN E. (1987/1988): Vorschläge zur zweckmäßigen Haltung und effektiven Zucht europäischer Landschildkröten. Aquarien Terrarien 34 (11): 386-391, 34 (12): 414-416. 35 (1): 23-27.

HEIMANN E. (1989): *Testudo marginata* SCHOEPFF. SAURIA Suppl. Amphibien Reptilien-Kartei, Berlin. 11 (2): 139-144.

HEIMANN E. (1990), *Testudo hermanni* GMELIN. SAURIA Suppl., Amphibien/Reptilien-Kartei, Berlin 12 (1-4): 175-178.

HEIMANN R. (1990): *Testudo graeca* LINNAEUS. SAURIA., Amphibien/Reptilienkartei, Berlin 12 (1-4): 187-192.

HEIMANN E. (1991): Europäische Landschildkröten-Haltung, Zucht. Jahrestagung der Deutschen Gesellschaft für Herpetologie und Terrarienkunde e.V. vom 18.-22. Sept. in Bonn. Zusammenfassungen S. 20-21

HEIMANN E. (1992): Eine F_2-Generation bei *Testudo hermanni boettgeri* MOJSISOVICS 1889 in Gefangenschaft. SAURIA, 14 (2): 19-22.

HEIMANN E. (1992): Sind Panzeranomalien bei Schildkröten vererbbar? Sauria, Berlin 1 (4): 27-29.

HEIMANN E. (1993). Drei Zwillingspaare bei *Testudo marginata*. Salamandra 29 (3/4): 167-172.

HEMPEL W. (1988): Haltung und Nachzucht von *Agrionemys horsfieldi*. Elaphe 10 (2): 21-24.

HEMPEL W. (1991): *Agrionemys horsfieldii* (GRAY). Sauria Suppl., Amphibien/Reptilien-Kartei, Berlin. 13 (1-4): 213-216.

HERZ M. (1994): Beobachtungen an Breitrandschildkröten *Testudo marginata* SCHOEPFF, 1792 in freier Natur. Sauria, Berlin 16 (1): 27-30.

HONEGGER R.E. (1969): Bedrohte Amphibien und Reptilien. Der Zoologische Garten 36 (4)(5): 173-185.

HONEGGER R.E. (1974): The reptile trade. International Zoo Yearbook 14: 47-52.

HONEGGER R.E. (1974): Die Gefährdung der Lurche und Kriechtiere und Maßnahmen für ihren Schutz: Ein Zwischenbericht. Natur und Museum 104 (9): 280-290.

HONEGGER R.E. (1975): Breeding and maintaining reptiles in captivity, in: Breeding endangered species in captivity (Ed. R.D. Martin), Academy Press, London.

KABISCH K. und ROGNER M. (1988): Eineiige Zwillinge bei der europäischen Sumpfschildkröte, *Emys orbicularis* (L.). Aquarien Terrarien 35 (12): 416-417.

KABISCH K. (1990): Eineiige Zwillinge bei *Testudo graeca ibera* PALLAS 1814 (Testudines: Testudinidae). Sauria 12 (2): 15-16.

KIRSCHE W. (1967): Zur Haltung, Zucht und Ethologie der Griechischen Landschildkröte (*Testudo hermanni hermanni*). Salamandra 3: 36-66.

KIRSCHE W. (1971): Zur Pflege und Zucht der Steppenschildkröte, *Testudo horsfieldii* GRAY. Aquarien Terrarien 18: 84-86; 118-120; 158-160; 198-200.

KIRSCHE W. (1971): Metrische Untersuchungen über das Wachstum der Griechischen Landschildkröte (*Testudo hermanni hermanni*) in Beziehung zum jahreszeitlichen Rhythmus. Zool. Garten N.F., Leipzig 40 (1/2): 47-71.

KIRSCHE W. (1972): Über Panzeranomalien bei Landschildkröten. Aquarien Terrarien 19 (8): 259-261.

KIRSCHE W. (1979): The housing and regular breeding of Mediterranean tortoises in captivity. Interantional Zoo Yearbook 19: 42-49.

KIRSCHE W. (1980): Conservation of tortoises by breeding. ASRA Journal 1 (3): 27-44.

KIRSCHE W. (1984): An F_2-Generation of *Testudo hermanni hermanni* GMELIN, bred in captivity with remarks on the breeding of mediterranean tortoises 1976-1981. Amphibia-Reptilia, Leider, 5: 31-35.

KIRSCHE W. (1984): Bastardierung von *Testudo horsfieldii* GRAY und *Testudo h. hermanni* GMELIN. Amphibia-Reptilia, Leiden, 5: 311-322.

KIRSCHE W. (1986): Zucht von Landschildkröten und Artenschutz. Zool. Garten N.F. 56 (6): 389-402.

KIRSCHE W. (1993): Haltung und Nachzucht von Landschildkröten im Zusammenhang mit dem Natur- und Artenschutz. DATZ Aquarien Terrarien 46 (3): 172-178.

KLEINER M. (1983): Zur Haltung und Zucht von *Testudo marginata* SCHOEPFF. herpetofauna 5 (23): 12-16.

LAMBERT M.R.K. (1981): Temperature, activity and field sighting in the Mediterranean spur-thighed or common garden tortoise *Testudo graeca* L. Biological Conservation 21: 39-54.

LAMBERT M.R.K. (1982): Studies on the growth, structure and abundance of the Mediterranean spur-thighed tortoise, *Testudo graeca*, in field populations. J.Zool.Lond. 196: 165-189.

LAMBERT M.R.K. (1983): Some factors influencing the Moroccean distribution of the western Mediterranean spur-thighed tortoise, *T. graeca graeca* L., and those precluding its survival in NW Europe. Zool.J.of the Linnean Society 79: 149-179.

LAMBERT M.R.K. (1984): Threats to Mediterranean (West Palaearctic) tortoises and their effects on wild populations: an overview: Amphibia-Reptilia 5: 5-15.

LAMBERT M.R.K. (1986): On growth of captive-bred Mediterranean *Testudo* in Europe. Studies in Herpetology, Roček Z. (ed.) 309-314.

LANGE H., HERBST W., WIECHERT J.M. und SCHLIEßER Th. (1989): Elektronenmikroskopischer Nachweis von Herpesviren bei einem Massensterben von Griechischen Landschildkröten (*Testudo hermanni*) und Vierzehenschildkröten (*Agrionemys horsfieldii*). Tierärztl. Prax. 17: 319-321).

LÖFFLER H.-G. (1973): Zuchterfolg bei Maurischen Landschildkröten. Aquarien Terrarien 20 (4): 128-129.

MAYER R. (1992): *Testudo hermanni hermanni* x *T. h. boettgeri* DATZ 45 (6): 369-371.

MAYER R. (1992): Zwillinge bei *Testudo hermanni hermanni* GMELIN 1789 x *Testudo hermanni boettgeri* MOJSISOVICS 1889. Sauria 14 (3): 37-38.

MENDT A. (1995): Das „Schildkrötendorf". elaphe 3 (3): 70-73.

MERTENS R. (1968): Über Reptilienbastarde, IV. Senckenbergiana biol. 49: 1-12.

MERTENS R. (1972): Über Reptilienbastarde, V. Senckenbergiana biol. 53: 1-19

METHNER R. (1986): Zum Alter von *Testudo (Asterochelys) radiata* in Gefangenschaft II. Testudines: Testudinidae. Salamandra 22 (4): 281-282.

OBST F.J. (1976): Ein Siamesischer Zwilling bei der Vierzehen-Landschildkröte *Agrionemys horsfieldii*. Aquarien Terrarien 23: 174-175.

PETZOLD H.-G. (1982): Aufgaben und Probleme der Tiergärtnerei bei der Erforschung der Lebensäußerungen der niederen Amnioten (Reptilien). Milu Berlin 5 (4/5): 485-786.

PHILIPPEN H.-D. (1989): Neue Erkenntnisse bei der „temperaturabhängigen Geschlechtsfixierung". herpetofauna 11 (61): 22-24.

PREISER W. (1990): 22. August: Drama! Ein schreckliches Jahr für *Testudo hermanni*. La Tortue No 15 Oktober: 5

SACHSSE W. (1971): Was ist Ballast in der Nahrung von Schildkröten. Salamandra 7 (3/4): 143-148.

SACHSSE W. (1973): Diagnostische Möglichkeiten zum Nachweis der Entwicklung bei inkubierten Schildkröteneiern. Salamandra 9 (2): 81-84.

SASSENBURG L. (1983): Beiträge zur Physiologie und Pathologie der Fortpflanzung in Gefangenschaft gehaltener Reptilien aus der Sicht des praktischen Tierarztes. Vet. med. Diss, Berlin, Humboldt Universität.

SCHOOP E. (1989): Ultraviolett-Bestrahlung bei Reptilien. DATZ 42 (8): 470-471

SINGER J. (1991): Griechische Landschildkröten naturgemäß gepflegt. DATZ 44 (2): 97-99.

STEMMLER-GYGER O. (1963): Ein Beitrag zur Brutbiologie der mediterranen Landschildkröten: DATZ 16 (6): 180-183.

STUBBS D. (1989): *Testudo kleinmanni*, Egyptian Tortoise. In: The Conservation Biology of Tortoises. Ed.: Ian R. SWINGLAND and Michael W. KLEMENS, Occasional Papers of the IUCN Species Survival Commission (SSC) Nr. 5: 39-40.

STUBBS D. (1989): *Testudo graeca*, Spur-thighed Tortoise. In: The Conservation Biology of Tortoises. Ed.: Ian R. SWINGLAND and Michael W. KLEMENS, Occasional Papers of the IUCN Species Survival Commission (SSC) Nr. 5: 31-33

THIEME U. und THIEME H. (1985): Künstlich induzierte Eiablage bei Schildkröten mit Oxytocin. Aquarien Terarien 32 (6): 207-210.

WATSON D.M. (1914): *Eunotosaurus africanus* SEELEY and the ancestry of the Chelonia. Proc. Zool. Soc. London: 1011-1020.

WERMUTH H. (1971): Eine totalalbinotische Landschildkröte (*Testudo hermanni*). DATZ 24 (8): 276.

Berichte aus Zeitungen und anonyme Beiträge

BEYERLEIN A. (1995): Wassermangel und Versteppung befürchtet. Berliner Zeitung 12.09.95.

HOERING U. (1995): Die Haut der Erde trocknet aus. Berliner Zeitung 16.06.95.

RÄTHER F. (1992): Die Wüste wächst und wächst. Berliner Zeitung 11.05.92.

WILLIAMS C. (1995): Vertrockneter Lehmboden, wo einst Wasser rauschte. Berliner Zeitung 29.08.95.

Anonymus (1979): The tortoise trade. A report on an investgation carried out by The Royal Society for the Prevention of 'Cruelty to Animals (RSPCA): 1-15. Produced by the RSPCA Wildlife Department. The Causeway, Horsham, Sussex.

Anonymus (1990): Verheerende Waldbrände gefährden Frankreichs Schildkrötenbestand. Westfalenblatt Oktober 1990.

Einige herpetologische Zeitschriften

Aquarien Terrarien - Monatsschrift für alle Gebiete der Aquarien- und Terrarienkunde Leipzig, Jena (1954-1990). Seit 1991 vereinigt mit DATZ.

Die Aquarien- und Terrarienzeitschrift DATZ (seit 1948).

DATZ Aquarien Terrarien, Stuttgart, Leipzig (seit 1991).

Elaphe - Aquaristisch - terraristische Beiträgt (seit 1979).

Neue Folge: Zeitschrift und Mitteilungslbatt der Deutschen Gesellschaft für Herpetologie und Terrarienkunde e.V. DGHT, Frankfurt/Main. (seit 1993).

Herpetofauna - Die Zeitschrift für den Terrarianer, Weinstadt (seit 1979).

Reptilia, Terraristik-Fachmagazin, Münster (seit 1996)

Salamandra - Zeitschrift für Herpetologie und Terrarienkunde der DGHT, Frankfurt/Main (seit 1965).

Sauria - Die Zeitschrift der Terrarianer.

Terrariengemeinschaft, e.V. (seit 1979).

TI-Magazin - Aquaristik, Terraristik, Naturgarten, Lebensräume, Melle (seit 1968)

Anschriften von herpetologischen Gesellschaften

Deutsche Gesellschaft für Herpetologie und Terrarienkunde e.V. DGHT, Geschäftsstelle: Postfach 1421, D 53351 Rheinbach.

AG Schildkröten und Panzerechsen der DGHT. Am Pettweg 1 D-68642 Bürstadt.

Bundesverband für fachgerechten Natur- und Artenschutz e.V. Geschäftsstelle Postfach 1110, D-76707 Hambücken.

Danksagung

Dem Mergus Verlag Hans A. BAENSCH gilt mein Dank für die Möglichkeit, das vorliegende Buch zu publizieren. Ferner möchte ich Herrn Dr. rer. nat. Hans-Joachim HERRMANN für seine Förderung und großzügige Unterstützung bei der Herausgabe des Buches herzlich danken. Nachdem von anderer Seite zugesagte Abbildungen nicht zur Verfügung gestellt wurden, habe ich Herrn Dr. HERRMANN für seine Bemühungen bei der Beschaffung geeigneter Abbildungen besonders zu danken. Dieser Dank gilt auch Herrn Richard PODLOUCKY sowie allen Bildautoren für die Bereitstellung der fehlenden Fotos. Schließlich habe ich Herrn Bernd BÖHME, Abteilung Naturschutz, Referat N 2, Arten- und Biotopschutz beim Landesumweltamt Brandenburg für wichtige Informationen zum Naturschutzrecht zu danken.

Paarung bei *Testudo graeca ibera*